SHAKESPEARES GESCHICHTEN

Alle Stücke von William Shakespeare

BAND II

Nacherzählt von

URS WIDMER

Mit vielen Bildern von Kenny Meadows

DIOGENES

Die Illustrationen von Kenny Meadows
sind einer dreibändigen Ausgabe der
Complete Works of Shakespeare,
London & New York o.J.,
entnommen.

40/78/12/1
ISBN 3 257 01565 8

INHALT

Vorwort

Man is but an ass.
(Shakespeare, *A Midsummer Night's Dream*)

Ich habe in diesem Buch, zu dem mich W.E. Richartz angeregt hat, weil er sich seinerseits mit den in den *Tales from Shakespeare* von Charles und Mary Lamb referierten Dramen und Komödien beschäftigt hatte, siebzehn Stücke Shakespeares nacherzählt, die von den Lambs vernachlässigten. Dreizehn von ihnen hatte ich vorher nicht gekannt. Denn Charles und Mary Lamb (deren Absichten beim Schreiben W. E. Richartz im Vorwort zu seinen Nacherzählungen beschrieben hat) hatten sich jene Stücke ausgewählt, auf denen schon zu ihrer Zeit, nicht ohne Gründe und dennoch einer trägen Macht der Gewohnheit folgend, das Licht der allgemeinen Aufmerksamkeit lag. Bis heute hat sich da nicht viel geändert. Wir alle kennen eher *Hamlet* als *King Henry VI.* Wer weiß, ob ich, ohne den sanften Zwang dieser Arbeit, die Stücke, die mir unbekannt waren, jemals gelesen hätte? Gelesen. Lesen ist etwas anderes als Nacherzählen: das ist mir nicht leicht gefallen. Im Gegenteil, ich habe das Erscheinen dieses Buchs um Jahre verzögert, indem ich mit stummer Beharrlichkeit nichts tat, bis W.E. Richartz seine gezielte Wut kaum mehr unter einer allgemeinen

Trauer über den Zustand der Welt tarnen konnte. Mein Zögern hing u.a. mit meiner Angst zusammen, unter dem gewaltigen Shakespeare zu ersticken, und meinem Bedürfnis, für das Nacherzählen seiner szenischen Erfindungen eine einigermaßen autonome Haltung zu finden. Ich habe versucht, über die Stücke nachzudenken, ohne absichtsvoll über sie nachzudenken. Schließlich aber sprang ich dann einfach ins Wasser und schwamm in einem Schub ans andere Ufer. Jetzt möchte ich – wenn ich diesen Nacherzählungen einen Wunsch mitgeben darf –, daß man sie wie ein Buch liest, von vorn bis hinten, nicht als voneinander isolierte Texte.

Shakespeare, dem ich mich ängstlich genähert habe, hat, durch die Wildheit seiner Erfindungen, meine Seele heftig zum Rumoren gebracht. Aber er hat mich nicht erdrückt, sondern mir – durch die Toleranz, mit der er in den gipfelstürmendsten Verwicklungen immer weiß, daß der Mensch ein Esel ist – vielmehr geholfen, besser zu ertragen, daß ich, wie offenbar die meisten von uns, meinen Hoffnungen und Ängsten selten gewachsen bin und vor den schönsten und entsetzlichsten Möglichkeiten des Lebens gleichermaßen Augen und Ohren zu verschließen die Neigung habe.

Notwendigerweise ist jede meiner Nacherzählungen eine Deutung geworden. Es gibt kein »textgetreues« Nacherzählen. Ich habe mich jedoch nie um schon bestehende Interpretationen gekümmert (nicht, daß ich ihnen nicht bedenkenswerte Erkenntnisse zutraute). Ich habe ausschließlich die Stücke gelesen. Ich habe dabei immer so getan, als erzählte ich wirkliche Ereignisse aus früheren Zeiten, nicht, als beschriebe ich Bühnenerfindungen eines Dichters namens Shakespeare. Ich habe, alles in allem, zwei Ehrgeize miteinander zu verbinden gesucht: »gute« Geschichten zu schreiben, und solche, die man, jenseits von Fragen der literarischen Qualität, als Inhaltsangaben lesen kann. Natürlich bitte ich dabei um Nachsicht. Nicht jede Einzelheit kommt bei Shakespeare vor. Aber ich habe mir nie erlaubt, einen wesentlichen Handlungsstrang zu verändern.

Die Stücke Shakespeares sind in den meisten Ausgaben nach ihrer (umstrittenen) Chronologie der Entstehung und nach (umstrittenen) Gattungsbegriffen geordnet. Bei mir folgen sie sich – da ich ja so tue, als handle es sich um wirkliche Ereignisse – nach ihren oft aufeinander bezogenen Inhalten. So steht *Coriolanus,* der in der jungen römischen Republik spielt, vor *Titus Andronicus,* der das Ende Roms beschreibt, auch wenn Shakespeare die Stücke in der umgekehrten Reihenfolge geschrieben hat. (Daß bei ihm hundert Jahre in einen Tag zusammenschrumpfen können: das kommt dann noch dazu.) Deshalb auch habe ich *Die lustigen Weiber von Windsor* zwischen *König Heinrich IV., 2. Teil,* und *König Heinrich V.* eingefügt, weil sie – durch Falstaff und seine Freunde – da hingehören, und sie nicht bei den Komödien belassen, wo sie nur stehen, weil sie komisch sind.

Charles Lamb riet seiner kranken Schwester Mary,

Stücke Shakespeares nachzuerzählen, damit sie wieder gesund werde. Jetzt, wo ich mit meiner Arbeit fertig bin, frage ich mich, was W.E. Richartz sich gedacht hat, als er mir dasselbe riet. Ich war doch, vor Beginn dieser Arbeit, recht gesund, oder irre ich mich da auch?

U.W.

TROJA

TROILUS UND CRESSIDA

Früher schon, nicht erst heute, waren Männer und Frauen aus Fleisch und Blut, auch wenn sie sich, damals wie jetzt, immer wieder als Ungetüme, denen kein Schwertstreich etwas anhaben kann, und als Feen, deren zärtliche Unschuld unendlich ist, gebärdeten. Früher wie heute zog, wenn die Sinne surrten, Nebel durch die Herzen der Frauen, und bei den Männern war, wenn der Schwanz stand, der Verstand im Arsch. Früher wie heute klammerten sich Männer und Frauen aneinander oder hasteten fiebernd um den Erdball, und keins von beidem war eine Lösung. Sie litten zu Hause, und sie litten unterwegs. Die Männer pflanzten Bäume und die Frauen gossen Blumen, sie zeugten Kinder und schrieben Oden, in denen sie überleben wollten. Vergebens. Die

Bäume wurden abgeholzt, die Blumen verdorrten, und die Kinder spotteten der väterlichen Lenden und der Brüste der Mütter, kaum daß sie sprechen konnten. Die Oden der Alten erweckten ihr wieherndes Gelächter. Sie tauschten Küsse wie noch nie jemand zuvor, und einige schrieben Verse, die vollkommen anders waren als die der Ahnen. Die Siebzehnjährigen aller Jahrhunderte wußten, daß sie keinen der Fehler der Vierzigjährigen begehen würden. Sie würden gar nie vierzig werden. Sie würden gesund bleiben, nie lügen und ihrer Kinderliebe von heute ein Leben lang treu sein. Aber immer wurden auch sie vierzig, und an ihren Stecken klebte wieder derselbe Dreck. Denn Menschen sind keine Katzen, die ein Leben auf der Ofenbank verschnurren, keine Esel, jeder so grau wie der andere, keine Tauben, deren einzige Sehnsucht ist, in immer denselben Schlag zurückzufliegen. Seit Jahrtausenden stellen sich die Kleinen auf die Zehenspitzen, zwängen sich die Dicken durch Nadelöhre und wollen die Hageren oben schwimmen. Seit immer säen alle Menschen Stürme und ernten Fürze. Nie hat jemals jemand etwas daraus gelernt. Daß noch nie ein Mann eine so dicke Haut hatte, daß eine Frau nicht die Luft aus ihm herausgelassen hätte. Daß noch nie eine Frau so in sich ruhte, daß ein Mann sie nicht zum Heulen brächte. Nie hat jemand das Rezept gefunden, das aus den Menschen Katzen, Esel und Tauben machte: sanft, genügsam und treu. Wo ist der Mann, der den ersten Stein aus dem Ehebett wirft? Wo ist die Frau, die dem Fremden nie mehr gegeben hat als ein gutes Wort? Wo der, der nicht dem Wahnsinn nahe ist, wenn er sein Lieb in den Armen eines andern weiß? Wo die, die nicht an Mord denkt, wenn ihr Mann eine andere küßt? Wer läßt sich nicht trotzdem umarmen, und wem fahren neue Küsse nicht dennoch wie Blitze in die Seele?

Helena, die schöne Helena zum Beispiel hatte manches, was andere ein Leben lang begehren: eine Villa hoch über dem tiefblauen griechischen Meer, Diener, Freunde, Geld, und einen Mann, der sanfte Hände, eine zärtliche Stimme und heftige Hüften hatte. Trotzdem gefielen ihr die Scherze des Besuchers aus dem fernen Troja. Er kam aus Asien, wo die Düfte einem die Sinne rauben. Zuerst saßen sie zu dritt – Menelaos, Paris und sie – auf der Veranda und tranken Harzwein, bald aber traf sie sich mit dem faszinierenden Fremden in der Abenddämmerung unter Feigenbäumen, und wenig später wälzten sie sich im Sand der Gartenwege, denn das war etwas anderes als die sauber gemachten Linnen des Zuhause. Menelaos sah das Feuer in seiner Frau, aber er dachte, es ist unmöglich, einen ausbrechenden Vulkan zu löschen. Er biß ins Kissen vor Wut und Trauer, nächtelang, und als er an einem Morgen aufwachte und Helena auch tief in der Nacht nicht gekommen war, stürzte er auf die Palastterrasse und sah die Segel der Troer im Horizont versinken, in einer glutroten Sonne.

Sieben Jahre lang belagerten die Griechen Troja, dieser Untreue wegen. Sie kamen nicht vom Fleck. Die Mauern der Stadt ragten in den Himmel, Kinder riefen Spottverse herab, die Griechen versuchten Taktik um Taktik, und abends erholten sie sich in unendlichen Pinienwäldern, ohne viel dabei zu denken. Alle Griechen dachten längst, was soll das denn? Nach so langer Zeit will doch niemand eine Frau wiederhaben. Und die Troer dachten, warum werfen wir Helena, in deren Genuß wir sowieso nie kommen, nicht einfach über die Mauer? Vielleicht dachten sogar Menelaos und Paris zuweilen so etwas. Menelaos befürchtete, daß Helena nicht mehr dieselbe sein könnte, und Paris mußte durch eine unaufhörliche Sinnlichkeit demonstrieren, daß seine Leidenschaft einen Krieg wert war. Es war nicht einfach. Nur Helena, eine Frau mit einem Gesicht wie ein Engel und Augen wie Veilchen, genoß es. All das nur wegen ihr! Nie hatte jemand das Gefühl, daß sie es nicht richtig fand, daß ihretwegen unzählige Frauen Witwen geworden waren, einsam nachts und tagsüber.

Paris, der schöne Königssohn, hatte einen jüngern Bruder, Troilus, dem das brüderliche Beispiel, so sehr er auch seinen Neid niederbiß, nicht aus dem Sinn wollte. Auch er wollte eine Leidenschaft haben, eine wilde und unglaubliche, und so verliebte er sich in Cressida, die Tochter eines Priesters, der ständig Zeus und Aphrodite auf der Zunge führte und verdächtig gut griechisch sprach. Er war jedenfalls der einzige, der im Lager der Griechen ein und aus ging, ein unverletzbarer Diener der Götter. Wie dem auch sei, Troilus sang nächtelang Ständchen unter Cressidas Schlafzimmer und schickte ihr Stanzen, auch hätte er sie entführt, wenn das innerhalb Trojas nicht etwas lächerlich gewesen wäre. Cressida genoß es. Sie fühlte sich wie eine einzigartige Blume, und sie spürte, wie sie aufblühte, ohne jemals begossen worden zu sein. Sie gurrte und lachte, war lustig und geistreich, und nach einigen Gesprächen mit Troilus konnte sie plötzlich auch ernst sein. Es kam vor, daß beide sich sekundenlang fühlen ließen, wie es um ihre Sinne stand. Bebend saßen sie dann nebeneinander. Sie trafen sich im Mondlicht im Garten und tasteten sich ab, küßten sich und stöhnten, aber wenn Troilus flüsterte, komm, Cressida, zieh dein Gewand aus, wurde sie bleich und sagte, und was, wenn mein Vater kommt? Noch ahnte sie nur, wie herrlich es sein kann, unterm Vollmond zu liegen. Noch hatte sie Angst vor dem, wonach sie sich sehnte. Noch gefiel es ihr, ihren Geliebten fiebern zu sehen.

Jeden Morgen aber zog Troilus seine Rüstung an und ging kämpfen, wie alle Troer. Er hackte mit seinen überschüssigen Kräften vielen Athenern den Kopf ab, aber es waren Kämpfe, die nie einen Sieger sahen: Troja stand am Abend so wie am Morgen, und die Griechen zogen nicht ab. Helden wie Achill blieben längst in ihren Zelten. Solche Kämpfe mochten sie nicht. Sie liebten den kurzen heftigen funkelnden Streit, den Todesschrei des Feinds, den prunkvollen Sieg und die triumphale Heimkehr in die Vaterstadt. Sie liebten Siegesfeiern, an denen Frauen mit glänzenden Augen immer erneut nach Einzelheiten des Todes des Feindes fragten. Hier, vor Troja, herrschte der graue Alltag. Es ging um eine Frau. Viele Griechen, Achill allen voran, machten sich, außer bei Siegesfeiern, wenig aus Frauen.

Kein Wunder, daß Agamemnon eines Morgens, als er lustlos mit Hektor focht, laut sagte, was alle dachten: Hektor, gebt uns Helena, und wir kapitulieren bedingungslos. Hektor, der sich mit seinem Kampfkollegen sofort wie mit einem uralten Freund verstand, unterbreitete den Vorschlag dem trojanischen Generalstab. Jeder fand ihn sehr vernünftig. Es gab kein Argument dagegen. Aber dann siegte die Staatsräson, die seit immer besagte, daß kein Troer sich schwach zeigen dürfe, und der Staat schon gar nicht. Alle applaudierten. Hektor überbrachte die stolze Absage und forderte mit donnernden Worten Achill zum Zweikampf heraus, oder Ajax, oder beide. Agamemnon nickte. Er hatte nichts anderes erwartet. Er begleitete Hektor bis zum Lagertor, privat wechselten sie noch einige offenere Worte zur politischen Lage, dann schlurfte Hektor übers Schlachtfeld nach Hause, und Agamemnon ging zum Zelt Achills. Der lag mürrisch auf seinem Bett und sagte, er denke nicht daran, er sei ein weltberühmter Held, er sehe nicht ein, wieso er hier, bei einem Kampf, von dem in ein paar Jahren keine Sau mehr reden würde, seine Haut riskieren solle. Zudem habe er seit Tagen nicht mehr trainiert. Na schön, sagte Agamemnon, ich wollte es dir nur gesagt haben. Du bist immer noch unsre Nummer 1. Jetzt frage ich Ajax. Ajax hat zwar noch nicht deinen Ruhm, aber einen Stammplatz unter den Nationalkämpfern hat er auch, und viele Fans in Attika sehen in ihm deinen Nachfolger. Dann ging Agamemnon. Achill saß nachdenklich in seinem Zelt und dachte an ein paar alte Siege. Niemand war auf engem Raum so wendig wie er, niemand nutzte wie er den geringsten Deckungsfehler des Feindes aus, niemand hatte so viele Gegner getötet. Allein in diesem Krieg waren es schon 275. Achtmal war es der Tote des Monats gewesen. Dreimal war er Held des Jahres geworden. Aber er war jetzt 28, und Ajax 19. Achill seufzte.

Auch der nächste Morgen war ein gewöhnlicher Kampftag, an dem die Heere aufeinander einmordeten, ohne das Gefühl zu haben, irgendeinem Ziel näher zu kommen. Für die Troer wurde es jedoch ein schwarzer Tag, weil einer ihrer Anführer, Antenor, in griechische Gefangenschaft geriet. So etwas kam selten vor. Da jemand die Übersicht haben mußte, standen die Anführer immer weit hinten auf Kampfwagen und brüllten ihre Anweisungen durch hölzerne Megaphone. Aber an jenem Morgen – alle hatten sich so sehr ans Kämpfen gewöhnt, daß sie zuweilen vergaßen, daß Schwerter auch an einem solchen Tag töten konnten – fand sich Antenor plötzlich in der ersten Reihe wieder, und sofort hieb ihm ein namenloser Grieche einen Knüppel über den Kopf und schleifte ihn an den Beinen ins Lager. Er wurde im Generalstabszelt gefangengesetzt. Ein schnauzbärtiger Mann, der zum Sitzen drei Stühle brauchte, bewachte ihn. Seine Fußfesseln schmerzten ihn. An ein Entweichen war nicht zu denken. Gedankenlos starrte er auf ein Holzmodell von etwas, was wie ein Esel aussah. Miniaturleitern kamen aus seinem Bauch. Antenor seufzte. Er dachte, daß die Griechen die Angewohnheit hatten, wichtige Gefangene von vier Pferden auseinanderreißen zu lassen.

Da sah er durchs Fenster Cressidas Vater, den Priester, durchs Lagertor kommen. Er sah ihn im Zelt Agamemnons verschwinden. Er konnte sich nicht vorstellen, was er dort wollte, nämlich dies: Zeus sei mit euch, sagte der Priester und verneigte sich. Was gibts denn? sagte Agamemnon und wies auf einen Stuhl. Der Priester sagte, während er sich setzte: Ihr habt Antenor gefangen, eine Zierde Trojas. Agamemnon sagte: Morgen werden wir vier Pferde an seine Arme und Beine binden. Der Priester sagte: Ich bin im Auftrag des trojanischen Generalstabs hier und habe euch einen Vorschlag zu unterbreiten. Agamemnon sagte: Ah ja? Der Priester: Kennt Ihr Cressida? Agamemnon, lächelnd: Ist das die mit dem speckigen Arsch? Der Priester: Sie ist meine Tochter. Agamemnon: Verzeiht. Der Priester: Wir bieten sie euch gegen Antenor an. Das ist ein Beschluß des Generalstabs. Angenommen, sagte Agamemnon. Dann erhob er sich, und der Priester zog sich rückwärtsgehend aus dem Zelt zurück. Niemand kann sagen, wieso Agamemnon sich auf diesen ungleichen Tausch einließ. Wollten die Griechen auch eine fremde Frau haben? Oder dachten sie, daß der Priester dann noch gesprächiger würde, als er es sowieso schon war? Oder war Cressida eine Prämie für Diomedes, von dem Agamemnon wußte, daß er die schöne spanferkelige Trojanerin jedesmal begehrlich ansah, wenn sie ihren Troilus vom Schlachtfeld abholte?

Zu dieser Zeit lagen Troilus und Cressida im Garten im Gras. Ein fahler Mond schien. Nachtigallen schlugen, und ein sanfter Wind blies. Troilus küßte Cressida, und ihre Abwehren schmolzen dahin. Ihre Tunika war ihr bis zum Hals hochgerutscht, und das Tuch, das sie darunter schützte, hing ihr über den Knöcheln. Ich halte es nicht mehr aus, sagte sie leise, mehr zu sich selber, und wandte sich ihrem Geliebten zu. Genau in diesem Augenblick betrat Äneas, vom trojanischen Generalstab geschickt, den Garten. Er räusperte sich und hustete, und dann trat er auf die beiden Verliebten zu. Es tut mir leid, sagte er. Cressida muß sofort zu den Griechen. Nehmt Abschied. Das ist ein Befehl. Verwirrt ordneten Troilus und Cressida ihre Kleider. Beide glühten heißer denn je. Er gab ihr eine Schärpe, sie ihm einen Handschuh zum Zeichen der ewigen Treue. Versteinert sah Troilus Cressida nach, wie sie mit Äneas im Mondlicht zum Gartentor ging. Sie drehte sich nicht mehr um. Troilus warf sich ins Gras und küßte die Stelle, wo Cressida gelegen hatte, immer wieder.

Niemand weiß, wo sie den Rest der Nacht zugebracht hat, und wie. Ausgeliefert wurde sie jedenfalls erst am Morgen, wenige Minuten bevor Hektor gegen Ajax

antrat. Sie war erregt und gab auf jede Bemerkung der Griechen eine spitze Antwort. Aber irgendwie wirkten ihre Fußtritte wie Liebkosungen. Die Männer sahen sich grinsend an, als Cressida im Badezimmer verschwand. Ihr Duft drang durch die Türritzen, aber die Männer wußten, daß sie, wenn überhaupt für jemanden, für Diomedes badete. Die Männer gingen gut gelaunt zum Kampfplatz.

Tausende von Zuschauern drängten sich vor dem griechischen Lager und auf den Stadtmauern von Troja.

Hektor stand, in einer goldglänzenden Rüstung, breitbeinig in der Arena, ganz so, wie ihn alle von unzähligen Standbildern her kannten. Seine Stirn war umwölkt. Cassandra, seine Schwester, die schon die unglaublichsten Sachen vorausgesehen hatte, hatte ihn gewarnt. Sie hatte von seinem Leichnam geträumt und vom brennenden Troja. Hektor hielt von all dem gar nichts. Trotzdem ließ er sich mit Ajax nur in einen konventionellen Schlagabtausch ein. Er tat gerade so viel, daß die Zuschauer nicht wütend die Sitzkissen in die Arena warfen. Dann brach er den Kampf ab, gratulierte Ajax und schritt von dannen, von einem matten Applaus begleitet. Ajax war froh, so ungeschoren davongekommen zu sein. Immerhin hatte er gerade gegen Hektor gekämpft, Kleinasiens Nummer 1.

Nur Diomedes hatte dem Kampf nicht zugesehen, und natürlich Cressida. Odysseus, ein griechischer Heerführer, winkte Troilus herbei und fragte ihn, ob er wisse, wo Cressida jetzt sei? Nein, sagte Troilus und wurde rot. Nun, dann komme, Troer, sagte Odysseus, der Diomedes nicht riechen konnte. Ich sichere dir freies Geleit zu. Beide schlichen zum Zelt Cressidas und lugten durch einen Spalt. Es war entsetzlich. Cressida, erhitzt von Troilus' monatelanger Zartheit, war dem brutalen Werben Diomedes' nicht gewachsen. Besinnungslos vor Lust lag sie unter ihm. Sie schrie und stöhnte. Sie flehte, es möge nie aufhören, dieses unglaubliche Gefühl überall. Troilus drohte wahnsinnig zu werden, und nur Odysseus verhinderte, daß er ins Zelt eindrang und das glückliche Paar zerfetzte. Così fan tutte, sagte er auf griechisch. Auch er hatte eine Frau im fernen Attika.

Die unsagbare Wut Troilus' übertrug sich, ohne daß er jemandem sein Erlebnis anvertraute, auf seine Gegner und Kampfgefährten. Am nächsten Tag wurde gekämpft wie seit Jahren nicht mehr. Troilus zerfetzte einen Griechen nach dem andern, und als er Diomedes mit seiner Schärpe auf dem Helm sah, wurde seine Wut zur Raserei. Stundenlang prügelten sie aufeinander ein, wie Wahnsinnige. Sie wankten und torkelten und hieben sich ein Glied nach dem andern ab. Trotzdem aber wandten sich die Zuschauer auf den Stadtmauern einem andern Kampf zu: denn Achill und Hektor waren aneinander geraten, und sofort spürten alle, das war kein Freundschaftskampf. Jetzt wollten sie es wissen. Hektor hieb sein Schwert mit einer Gewalt durch die Luft, daß die Zuschauer von ihren Plätzen geweht wurden. Achill, obwohl seit Wochen ohne Übung, zeigte eine Technik wie in seinen besten Tagen. Hektor hatte eine unglaublich schnelle Rechte, aber Achill schien sieben Schilde und vierzehn Speere zu besitzen. Nach zwei Stunden blutete noch keiner. Die Zuschauer tobten. Da endlich stach Achill nach einem Ausfall zu kurz zu, Hektor konterte, und Achill stürzte. Sofort hatte Hektor seine Schwertspitze an seinem Hals, und die Zuschauer heulten auf. Das mußte Achills Ende sein. Die beiden Helden sahen sich minutenlang in die Augen, dann nahm Hektor langsam seine Schwertspitze weg und sagte, geh dahin, Grieche, dein Leben sei dir geschenkt. Wisse, daß, möge dieser Boden auch asiatischer sein und von Barbaren bewohnt, die Menschen hier großherzig sind. Achill schlich weg, schamglühend. Die Kämpfe gingen weiter. Noch immer droschen Troilus und Diomedes aufeinander ein. Hektor, weil er schon einmal dabei war, erlegte einen Griechen, nur so, weil ihm seine Rüstung gut gefiel. Als er sie ihm auszog und ihren möglichen Wert überdachte, stürzte sich Achill von hinten auf ihn und erstach ihn. So siegte Achill über Hektor. Er band den toten Feind an sein Pferd und ritt mit ihm unablässig um die Stadt herum, und alle Berichterstatter, blinde und sehende, gruben das unerhörte Ereignis in Steine und Marmore. Troilus und Diomedes wankten indessen im Licht der untergehenden Sonne nach Hause, und keiner von beiden hätte nun etwas mit Cressida anfangen können, die allein auf ihrem Bett lag, treu wider Willen. Jeder Held stöhnte in seinem Blute. Achill zog sich wortlos in sein Zelt zurück. Paris, als Helena gurrend zu ihm ins Bett kommen wollte, brüllte sie so laut an, daß ganz Troja erzitterte. Zum erstenmal seit sieben Jahren schlief Helena allein. Sie träumte von Pferden. Paris hatte in dieser Nacht das Gefühl, daß sein Bruder noch leben würde, wenn er Helena in Griechenland gelassen hätte. Er träumte, er und Hektor säßen zusammen im Mondlicht und tränken Wein und erzählten sich von all den Frauen, deren Treue sie einmal erprobt hatten.

ROM

CORIOLANUS

Es soll eine Zeit gegeben haben, da lebten auf der Erde nur *ein* Mann und *eine* Frau. Sein Atem war ihr Atem, ihr Herzschlag seiner. Sie wärmten sich in derselben Sonne und badeten im gleichen Regen, sie teilten die Früchte der Bäume und labten einander an stillen Quellen. Nie ging die Sonne über ihnen unter, denn sie begleiteten sie auf ihrem Lauf rings um den Erdball. Immer war Mittag. Hand in Hand gingen sie auf dem Gürtel des Äquators über die noch nicht auseinandergeborstenen Kontinente. Sie kletterten über Gebirge, wateten durch Wüsten, durchschwammen Flüsse und hieben sich durch Urwälder. Sie wurden nie müde. Die Frau legte dem Mann Moose auf Kratzwunden, und der Mann zog der Frau Dornen aus dem Fuß. Sie sahen, wie, durch das stetige Ausschreiten, der andere kräftiger, größer und freier wurde. Sie sahen später, wie sich ihre Gesichter mit Runzeln durchzogen und ihre Haare erbleichten. Ihr Atem wurde schwerer, und eines Tages – es war immer derselbe Tag gewesen – bemerkten sie, daß, zum erstenmal, die Sonne weit vor ihnen herflog. Sie konnten sie nicht mehr einholen. Sie setzten sich keuchend auf einen Stein. Schweigend sahen sie zu, wie Schatten – sie hatten kein Wort für die schwarzen Abbilder ihrer Körper – aus ihren Füßen wuchsen, und wie dann die Sonne in fernen Bergen versank, in einem unglaublichen Feuerbrand, wie es Nacht wurde – auch für die Schwärze, in der sie sich nicht mehr erkennen konnten, kannten sie kein Wort –, daß es Sterne gab, einen Mond. Nachtvögel schrieen. Sie hielten sich an den Händen. Sie fröstelten und starben.

Als die Sonne zurückkam, waren überall Menschen. Sie drängten sich nun in Höhlen zusammen, auf Stegen über Wassern, in Hütten, die von Pallisaden umgeben waren, in Burgen, in Häusern zwischen gewaltigen Stadtmauern, in Städten mit rauchenden Kaminen. Niemand mehr folgte dem Lauf der Sonne. Alle gingen in alle Richtungen, hochaufgerichtet am Tag, geduckt in der Nacht. Die Kontinente brachen auseinander, und die Wege, die dem Gürtel des Äquators folgten, wucherten mit Unkraut und Brombeergestrüppen zu. Die Menschen vergaßen die Sonne. Sie atmeten jeder möglichst viel Luft ein und möglichst wenig aus. Sie trugen Kleider, die jedes Licht tausendfach reflektierten. Sie sahen zu, wie Menschen – zuweilen ihre Feinde, zuweilen ihre Freunde – von Kaisern geköpft oder von Königen erwürgt wurden. Arme Schweine. Sie begründeten, wieso gerade jetzt die Welt besonders schlecht war. Sie sprachen, wenn sie jung waren, wie wissende Weise, wenn sie alt waren, wie narbenlose Draufgänger. Alle waren immer Sieger. Alle verstanden alles. Alle waren nie allein. Wenn sie allein waren, fühlten sie ein tiefes Entsetzen in sich. Dann war alles in ihnen Eis und Schutt. Hilflos standen sie dann vor kalten Spiegeln und tappten nach der Hand des Ebenbilds. Manche machten sich auf, einem undeutlichen Ruf aus tiefsten Zeiten folgend, und gingen der Sonne nach, ohne Schatten, über Äcker, Autobahnen, Sümpfe, Moose, Fabrikanlagen. Sie verkamen. Ihre Wege endeten an den Ufern der neuen Meere oder in staubheißen Hochländern. Fremde Polizisten fremder Staaten griffen sie auf, und die Sonne eilte ihnen endgültig davon. Sie hatten nicht mehr das Herz und die Lunge für so etwas und starben in Neumondnächten in Provinzgefängnissen, einsam und klein. Die Großen zuhause, wenn sie in ihren Zeitungen, den Zeitungen der Großen, von den Schicksalen der zerlumpten Sonnenwanderer lasen, lächelten und nickten sich zu. Hier war das Leben zwar auch nicht leicht, aber sie hatten es schon immer gesagt. Sie sprachen mit den stummen Büsten ihrer Vorbilder, Königen aus Marmor, Generälen aus Granit, Handelsleuten aus Alabaster, Päpsten aus Erz, Dichtern aus Gips. Alle hatten sich ihren Weg durch eine widerspenstige Menschenmenge gebahnt. Alle hatten sich aus eigener Kraft in eine eigene Umlaufbahn versetzt. Alle hatten über ihre Welt geleuchtet. Oh, das hatten sie. Alle waren allerdings auch, bevor auch sie zu Büsten gerannen, alt geworden, jüngere Große standen ihnen dann vor der Sonne, und wenn sie nun, aus deren Schatten heraus, ein bißchen Wärme suchten, wich ihnen die Sonne aus. Folgten sie ihr nach Westen, ging sie im Süden unter. Eilten sie nach Süden, versank sie über dem Nordpol. Die Menschen wandten sich zornbebend gegen die, die den Kurs der Gestirne veränderten, und erschlugen sie. Arme Hunde.

In der jungen römischen Republik – die ältesten Römer erinnerten sich noch an die ausgemergelte Wölfin, die in einem Gehege unaufhörlich hin und her geschnürt war – standen an einem hitzeglühenden Sommertag zehntausend Männer und Frauen auf dem Forum und schrieen und schüttelten die Fäuste. Ihr Zorn richtete sich gegen Cajus Marcius, einen der reichsten Männer der Stadt, der Tonnen von Korn in seinen Lagerhäusern stapelte. Der riesengroß durch die Straßen schritt. Der mit einem Blick ohne Wärme auf sie niedersah. Der nie jemanden grüßte. Der auf Frauen zeigte und sagte, die da. Der dem Senat mit handgeschriebenen Zettelchen Weisungen erteilte. Der mit Richtern beim Abendbrot die Urteile der nächsten Wochen fällte. Dessen Freunde alle große Handelshäuser hatten. Der lachte, wenn vor ihm ein Mann mit einer Traglast auf dem Rücken in den Dreck stürzte, recht so, Ochse, jeder an den Ort, an den er gehört. Der Korndiebe der Hinrichtung empfahl und Hausfrauen, die über die Brotpreise schimpften. Der jeden Tag seine Mutter besuchte. Dessen Mutter jeden Tag zu seiner Frau sagte, Liebes, es geht mich ja nichts an, Liebes, aber wenn mein Sohn mein Mann wäre, *mein* Mann, ich würde ihn nicht um einer bedeutungslosen Sinnlichkeit willen in meinen Armen haben wollen, ich würde ihn aufs Schlachtfeld befehlen. Was sind die Siege der Nacht, geheim sind sie. Ruhm bringen die Siege des Schwerts. Ahh, mein Sohn. Die Mutter, eine Granitwand, blitzte ihre Schwiegertochter an, die nichts sagte. Sie sagte nie etwas, gegen die Mutter nicht, für ihren Mann nicht. Sie sagte nichts, als Cajus Marcius zornbebend ins Zimmer gestürzt kam und rief, Mutter, das Volk will meinen Kopf, Ratten, ich werde ihnen zeigen, wer hier wessen Kopf kriegt. Ungeziefer. Er stürmte aufs Forum, mitten unter die Aufständischen, die Steine in der Hand hielten. Würmer! brüllte er. Was habt ihr für eine Ahnung von den Naturgesetzen der Staatsführung! Was wißt ihr von den Notwendigkeiten der Wirtschaftslenkung! Schert euch nach Hause! Fort! Alle Aufständischen schlichen sich fort. Cajus Marcius stand mit vorgerücktem Kinn allein mitten auf dem Forum, umgeben von den Steinen, die ihn hätten töten sollen. Es war totenstill. Cajus Marcius grüßte die untergehende Sonne. Du weißt, Sonne, murmelte er, daß ich ausschließlich meinem Willen folge. Er sah seinen langen Schatten, der den Hügel des Kapitols hochwuchs, bis nach oben. Er liebte friedliche Abende. Noch mehr aber liebte er kriegerische Morgen, die die Menschen zusammenschweißten.

Getreue Männer, die er in allen umliegenden Städten beschäftigte (falsche Ziegenhirten, gezinkte Steuereinnehmer, verkleidete Gastwirte, vorgebliche Freunde der Mächtigen, arglistige Liebhaber der Frauen der Mächtigen), hatten ihm berichtet (denn der Senat und das Volk der Römer waren zu harmlos, selber ein schlagkräftiges Benachrichtigungsnetz aufzubauen), daß Aufidius, ein Anführer der Volsker, eines Volks aus dem etruskischen Bergland hinter Rom, von Dorf zu Dorf, von Hof zu Hof, von Weide zu Weide eile und die Männer beschwöre, Ziegen und Felder ihren Frauen zu überlassen und mit ihm zu kommen, das hoffärtige Rom in der Ebene unter ihnen zu strafen. Der Sieg sei sicher, denn niemand ahne etwas von dem Plan. Rom, von Spannungen zwischen

Armen und Reichen zerrissen, sei todesreif. Cajus Marcius rieb sich die Hände. Siehst du, Mutter, sagte er, im Zimmer auf und ab gehend. So macht man das. Die Krakeeler von heute werden morgen im Dreck verbluten, zertretene Käfer, und die, die übrigbleiben, Kröten, werden mich im Triumph heimtragen. Und du, Mutter, wirst – er verstummte, als er in ihre Augen sah, Feuerstrahlen, die aus einem Gebirge aus Urgestein herausschossen. Was? sagte die Mutter. Was werde ich? Nichts, sagte Cajus Marcius. Er biß in eine Feige. Er dachte, sie wird mich endlich mit einem Blick voll Wärme und Liebe empfangen und sagen, ja, Sohn, so habe ich mir gewünscht, daß du einer bist, ich bewundere dich, ich liebe dich, ich gebe mich dir.

Die Römer hoben Truppen aus, und Cajus Marcius zog als Befehlshaber einer Abteilung mit. Der Anführer war ein verdienter General der Republik. Sie zogen in einem Gewaltmarsch nach Corioli, der Hauptstadt der Volsker, einem mauerbewehrten Bergdorf auf einer Felsenkuppe. Sie schlossen es ein und riefen den Bewohnern über die Mauern zu, daß sie schlappe Schwänze hätten, und wenn die Volsker die Tore öffneten und, sinnlos wütend, herausstürzten, erschlugen sie möglichst viele. Cajus Marcius focht wie ein Besessener. Sein Körper war mit Wunden übersät. Einmal, als die Volsker wieder ihr Tor geöffnet hatten, stürzte er sich fechtend so heftig in sie hinein, daß er vom Sog der Fliehenden durchs Tor gesaugt wurde und sich plötzlich in der Stadt wiederfand, allein mit tausend Feinden. Die Römer draußen sahen sich an. Armes Schwein, sagten sie, er war ein tapferer Mann, armer Hund. Über die Stadtmauern hin hörten sie ein wildes Klirren und Schreien. Dann ging das Tor wieder auf, und Cajus Marcius kam heraus, mit einem triefenden Schwert, blutüberströmt. Hyänen, keuchte er. Läuse. Die Römer klatschten wie wild. Jeder erzählte jedem die unerhörte Heldentat. Von nun an focht Cajus Marcius noch viel verwegener als zuvor. Neben ihm wurde jeder zu einem Helden, denn er erschlug nun alle, die nicht kühn genug fochten. Als die Römer heimkehrten, trugen sie Cajus Marcius auf ihren Schultern. Der Anführer setzte ihm einen Kranz auf und rief, Held des Volkes, ab sofort sei dir das Recht verliehen, den Ehrennamen Coriolanus – der von Corioli – zu tragen. Zudem sei dir der zehnte Teil der gesamten Beute. Cajus Marcius hob abwehrend die Hand. Ich habe eine einzige Bitte, Römer, rief er. Ich habe einmal, bei einem Sommerfrischeaufenthalt, bei einem Wirt in Corioli gewohnt. Ich habe ihn unter den dem Tod geweihten Gefangenen gesehen. Laß ihn frei. Die Zuhörer rasten, und der Anführer beugte sich lächelnd zu Cajus Marcius und sagte, aber gewiß. Sein Name? Cajus Marcius wußte ihn nicht mehr. Später, sagte er. Getragen von den Wogen des Jubels und des Siegesweins ging er endlich nach Hause. Er warf sich vor seiner Mutter zu Boden und sah zu ihr hinauf, zu ihren Augen, die aus einem feurigen Himmel blitzten. Aber ihr Mund lächelte, ein roter Schlund. Erhebe dich, Sohn. Was für schöne Wunden. Deine Frau wird sie dir küssen. Cajus Marcius stand rotglühend auf, er sah seine Mutter an, er stöhnte, als er spürte, wie seine Frau die Krusten des harten Bluts zu lecken begann.

Am nächsten Morgen ging er durch eine Gasse tosenden Applauses zum Kapitol, wo die Senatoren von den Sitzen hochsprangen und riefen, Edler, sei unser Konsul. Sie beglückwünschten ihn zu seiner Wahl. Dann trat sein bester Patrizierfreund vor und sagte, Lieber, es gibt jetzt nur noch – was denn? sagte Cajus Marcius, denn er wußte, was –, es gibt jetzt nur noch eine, wie soll ich mich ausdrücken, Herrlicher, eine Formsache, das ist das Wort, eine Kleinigkeit: du mußt das Volk bitten, dir seine Stimme zu geben. Rom ist eine Republik. Du mußt dem Volk deine Wunden zeigen. Du mußt bescheidene Kleider tragen. Du mußt demütig sprechen. Du mußt der Diener ihres kollektiven Willens sein. Es ist ja nur ein Spiel. Cajus Marcius fuhr in die Höhe. Ich? rief er. Die? Frägt der Tiger die Maus um ihre Zustimmung, sie zu fressen? Bittet der Storch beim Frosch um Liebe? Ist der Regenguß vor Schweinen demütig? Ich, euch? rief er den beiden Tribunen zu, die das Volk im Senat vertraten, zwei vierschrötigen Männern mit grauen Togen. Nie. Dann donnerte er nach Hause, und die Männer und Frauen auf den Straßen wagten es nicht, dem Dahinstürzenden zuzujubeln. Zu Hause schnaubte er durch seine Säle. Ameisen. Esel, die nicht lesen können. Die stinken. Die zu zehnt in einem Raum hausen. Die sich unter den Augen ihrer Kinder und Mütter paaren. Karnickel. Die Suppen aus Kohl und Rüben essen. Ich?! Da aber sah er, daß das Gebirge, seine Mutter, größer, noch größer geworden war. Er erstarrte. Ja, Mutter? sagte er leise. Ich habe dich nie beeinflußt, Sohn, sagte die Mutter. Aber ich sage dir, daß, wer eine Schlange küssen will, feuchtes Laub auf ihre Giftzähne legt. Daß, wer ein Pferd an einen Karren spannt, mit ihm redet. Geh aufs Forum. Zeig die Wunden. Geh. Dann schwieg die Mutter, eine Schlucht. Cajus Marcius starrte sie mit aus dem Kopf quellenden Augen an. Ich bin kein Kind mehr, schrie er. Ich scheiße auf die Macht. Bitte, schrie die Mutter, ein Erdbeben. Bitte. Ich werde das nicht überleben. Du wirst es gewollt haben. Muttermörder. Ich gehe zu den Ahnen. Leb wohl. Sie faßte sich an die Brust und sank auf einen Stuhl. Cajus Marcius wurde bleich. Er zitterte am ganzen Körper. Ich geh ja schon, schrie er. Ich geh ja schon.

Inzwischen eilten die Volkstribunen – graue Männer mit Bürstenschnitten und zusammengekniffenen Lippen – von Haus zu Haus. Cajus Marcius nennt euch Hunde und Schweine, flüsterten sie. Gebt ihm eure Stimme nicht. Erinnert euch, er ist der, der euch das Korn vorenthält. Er haßt euch. Sagt nicht, daß wir bei euch waren. Sagt, wir hätten für seine Wahl geredet. Fragt nicht. Es ist politisch klüger, das versteht ihr nicht. Die Männer und Frauen drückten ihren Vertretern die Hand, und diese gingen in ihre Wohnungen zurück, wo sie ihren Hoffnungen mit einigen Gläsern eines frischen weißen Weins aus dem fernen Tusculum nachhalfen. So etwas hatten wir früher nicht, sagten sie, als wir noch arme Hunde waren.

Als Cajus Marcius im Büßergewand durch die Stadt der Armen schritt – ihr lebt in eurer eigenen Scheiße, Stinktiere –, da brauste ihm kein Beifall mehr entgegen. Niemand mehr trat vor die Tür und klatschte. Keine sehnenden Blicke von Frauen. Cajus Marcius ging durch totenstille Gassen, und hätten ihn seine Patrizierfreunde nicht weitergezerrt, er wäre umgekehrt und heim, verdammte Schakale, ich bin doch kein Bettler. Auf dem Forum fand er eine zehntausendköpfige stumme Menge, Männer und Frauen mit sonnenverbrannten Gesichtern, aus denen mißtrauische Augen blickten. Vor ihnen standen die beiden Volksvertreter. Jetzt ganz ruhig bleiben, flüsterten die Patrizierfreunde, als sie sahen, wie die Schläfenadern ihres Kandidaten anschwollen. Kein böses Wort. Zeig ihnen die Wunden. Cajus Marcius nickte. Ich will Konsul werden, rief er, hier sind meine Wunden. Dann schwieg er und sah über seine Wähler hin, ein großer Mann, ein Berg aus Erz, mit wilden Haaren und Feueraugen. Sie sprachen leise miteinander, alle zehntausend, daß er eigentlich gut aussehe, dieser Hund, stark und mutig. Unvorstellbar, daß alle Gerüchte über ihn stimmten. Daß er die Macht wolle und nur die Macht. Daß er Männer wie sie nur als Sklaven gelten lasse und

Frauen wie sie nur, wenn sie unter ihm lägen. Daß er das Korn verfaulen lasse, wenn alle hungerten. Alle sprachen so eifrig miteinander, daß sie die ersten Worte dessen, was Cajus Marcius plötzlich rief, gar nicht hörten. Was ist, Schafsköpfe? rief er. Krieche ich zu wenig? Soll ich euch die Ärsche einzeln küssen? Ein ungeheurer Tumult brach los. Die Volksvertreter riefen, nun sähe man es, Cajus Marcius sei ein Volksverräter, und Volksverräter würden in der römischen Republik seit eh und je zum Tod verurteilt, und Cajus Marcius rief, ha, verurteilt mich doch, wagt es doch, Blutegel, und seine Patrizierfreunde ließen ihn von Schutzsoldaten abführen, um ihn davor zu retten, auf der Stelle totgeschlagen zu werden, und ein eilig zusammengerufenes Gericht fällte seinen Spruch – kein Richter wagte dem Angeklagten ins Auge zu schauen, während draußen fünfzigtausend Römer brüllten – und verurteilte Cajus Marcius zu ewiger Verbannung. Angeklagter, die Anklage des Volksverrates ist die schlimmste der römischen Republik nach dem Konsulmord, Ihr könnt unsre Milde besingen, nicht unsre Strenge tadeln. Cajus Marcius schritt wortlos aus der Stadt, ein Eisberg in der Julisonne, begleitet nur von einigen Patrizierfreunden, der Mutter, der Frau, bis zum Märzfeld, wo er sich umdrehte, ein einsamer Drache, seiner Mutter in die Risse des Gesichts sah und seine Frau küßte, die weinte. Dann ging er auf dem staubigen Weg davon, den Bergen entgegen. Freunde, Mutter, Frau standen in der Juliglut, bis Cajus Marcius ein kleiner

Punkt in der Ferne geworden war und sich im Blau der Berge auflöste. Stumm gingen sie nach Hause. Aus dem Haus der Mutter hörte man stundenlange Schreie. Frauen und Männer flüsterten sich die Nachricht zu, die Alte sei wahnsinnig geworden, arme Sau.

Cajus Marcius stieg einen steinigen Eselsweg hinauf, den Disteln säumten. Er ging schnell, ohne einen Gedanken. Tief unter ihm lag, unter einem blauen Dunst, die Ebene, und in der Ferne sah er das Meer. Schweiß rann ihm übers Gesicht. Er keuchte, aber er beugte sich nicht zu den Quellen hinab, um zu trinken. Schlangen verschwanden unter Steinen. Er ging durch das Tor von Corioli, das seinen Namen trug. Er sah einarmige Männer ohne Beine und Frauen mit schwarzen Schleiern. Niemand erkannte ihn. Er ging zum Haus von Aufidius und trat ein.

Dort saßen alle Mächtigen der Stadt um einen großen Tisch und aßen und tranken. Diener trugen Hammel auf riesigen Platten auf. Ein Orchester spielte Bergweisen. Zwei stämmige Türhüter vertraten Cajus Marcius den Weg. Pack dich, Alter. Cajus Marcius schob sein Kinn vor. Hört, Möpse, solche Töne werdet ihr bereuen. Die Türhüter, die ihm die Arme auf den Rücken gedreht hatten, sagten, wer bist du denn, Ochsenfrosch? Cajus Marcius sagte: Ich bin niemand – die Türhüter lächelten –, ich habe einen Namen wie Donner – die Türhüter grinsten –, eure Stadt heißt nach mir – die Türhüter prusteten laut heraus –, ich bin Cajus Marcius Coriolanus.

Die Türhüter wieherten. Und wir, sagten sie, sind Romulus und Remus. Sie warfen ihn die Treppe hinunter.

Zufällig kam Aufidius hinzu. Höre, einziger Widersacher meiner Größe, rief Cajus Marcius, im Staub sitzend, sie sind Läuse, Mäuse, ich werde sie zertreten, ich werde sie im Meer ertränken, ich werde ihre zum Himmel strebende Stadt dem Erdboden gleichmachen, hilf mir, und ich helfe dir. Trunken vor Hoffnung umarmte Aufidius den Gast. Alle brüllten vor Jubel. Alle tranken und aßen mit doppelter Heftigkeit. Die Nachricht verbreitete sich wie ein Brand durch die Stadt. Alle tanzten vor Freude. Cajus Marcius wurde im Triumph in seine neue Wohnung getragen, ins Haus seines ehemaligen Wirts, der nach dem letzten Krieg hingerichtet worden war, armer Zwerg.

Nach einigen Wochen zogen sie in die Ebene hinunter. Unterwegs schlugen sie alles tot, was einem Römer glich. Jede römische Ziegenhütte ging in Flammen auf. Als sie vor Rom ankamen, waren die Tore geschlossen, die Stadt stumm. Cajus Marcius trat vor die schwarzen Mauern und brüllte, Rom, das ist dein letzter Abend, morgen wirst du ein Blutsumpf sein. Die Römer in der Stadt hörten seine Stimme. Sie sahen die Geier, die über ihnen kreisten. Sie versammelten sich auf dem Forum, weinend und schreiend. Die Volksvertreter standen mit roten Köpfen auf der Rednertribüne und riefen, tut etwas, Senatoren, tut doch endlich etwas. In der Stunde der Bewährung versagt ihr. Die Senatoren liefen kreideweiß zwischen dem Kapitol und dem Forum hin und her. Und ihr, was tätet ihr? riefen sie erregt. Woher sollen *wir* das wissen, schrieen die Volkstribunen. Sind *wir* die Regierung?

Es wurde beschlossen, eine Abordnung der Patrizierfreunde zu Cajus Marcius zu schicken. Sie gingen im Schein der Abendsonne los, mit weißen Fahnen und Geschenken. Zehntausend Römer warteten schweigend hinter den verschlossenen Stadttoren, und als sie sich wieder öffneten und die Senatoren mit ihren Geschenken in der Hand hindurch kamen, wußten alle, daß Cajus Marcius sie noch nicht einmal empfangen hatte. Was nun?

Die Mutter. Ein Senator sprang auf und rief: die Mutter. Alle sprangen auf. Alle beschworen die steinharte Frau, ihren Sohn zur Gnade zu bewegen. Herrin, wir werden morgen früh zerstückelt sein. Unsre Frauen in Stücke gefickt. Unsre Kinder zerschmettert. Die Kornhäuser werden brennen. Ihr kennt euren Sohn. Die Mutter nickte. Zusammen mit der Frau und deren Sohn ging sie über das Märzfeld zu den Zelten des Lagers ihres Sohns. Der stand riesengroß im Schein der untergehenden Sonne. Sie warf sich vor ihm in den Staub. Steh auf, Frau, sagte Cajus Marcius. Ich habe keinen Namen mehr, keine Geschichte, keine Zukunft, ich habe nur noch *einen* Willen. Die Mutter sah ihn an. Ihre Lippen zitterten. Rom wird untergehen, Sohn, sagte sie, und ich bin eine Römerin. Ach, sagte Cajus Marcius, wie oft haben wir, du und ich, faules Korn verbrannt, obwohl noch gute

Körner darin waren? Ich habe nur noch die Gegenwart, ich bin ein Stein, ich bin ein Feuer der Rache, dies hier sind meine Freunde von heute, sieh sie dir an. Die Mutter sah auf die stummen stolzen Volsker, fremde Bergler mit geheimnisvollen Gesichtern. Sohn, sagte sie und zeigte auf die Frau und den Sohn. Das ist der Trost und dies die Frucht deiner Nächte. Cajus Marcius wandte sich beiden zu. Trost braucht der Einsame, sagte er. Eis ist nicht einsam. Es gibt eine Einsamkeit, die sich nicht mehr fühlt. Die Mutter erhob sich, ein schwarzer Koloß zwischen ihm und der Sonne. Gut, sagte sie. Du Berg. Du Eis. Du Dolch. Ich gehe, und Rom wird untergehen. Du wirst keinen von uns lebend vorfinden. Sie drehte sich um. Mutter, rief Cajus Marcius. Geh nicht. Geh nicht. Die Mutter drehte sich wieder um und sah ihn lange an und nickte. Dann gingen Mutter, Frau und Sohn über das Marsfeld davon. Cajus Marcius sah ihnen nach, den drei Schatten aus fernen Tagen. Er sah, wie der kleine Schatten sich von den zwei großen löste und in die Dunkelheit hineinrannte, den Bergen zu. Dann umgab ihn tiefe Dunkelheit. Die Sonne war untergegangen. Was gafft ihr, Stinktiere? brüllte er ins schwarze Nichts hinein. Wir ziehen ab. Ist das bis jetzt Erreichte nicht genug? Wollt ihr den Mond und die Sterne, Maulwürfe? Licht! Zündet Feuer an, Affen.

Feuer und Fackeln wurden angezündet, und plötzlich sahen alle, wie alt und klein Cajus Marcius war: ein versteinerter Mann mit weißen Haaren und zuckenden Lippen. Ein Bub. Aufidius zog sein Schwert und erschlug ihn. Wegräumen, sagte er zu den Volskern. Er möge ein ehrenvolles Begräbnis erhalten.

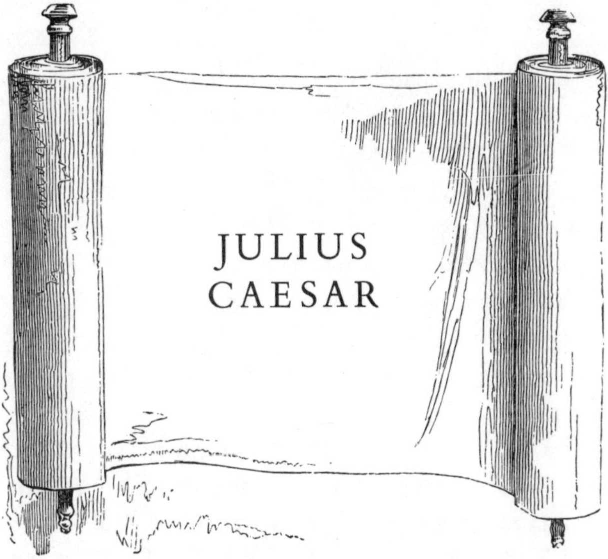

JULIUS CAESAR

Seit immer klammern sich die Menschen an das, was ist, und seit nie kümmert sich die Zeit darum. Die Menschen wollen die bleiben, die sie sind, in Häusern, die dastehen wie Felsen. Wie die Hasen wünschen sie sich ein ewiges Ostern, aber schon stürzen die Adler aus den Himmeln und verwandeln ihren Frieden in ein Blutbad. Immer erneut sitzen Adler in Fellfetzen und Darmresten, und weil das so ist, denken alle Menschen seit Anbeginn der Welt, daß früher alles besser war. Aber auch dieser Gedanke macht sie krank. Sie wollen selber die sein, die, schneller als die unerbittliche Zeit, das Antlitz der Erde tätig verändern. Plötzlich *wollen* sie eine neue Welt. Mit heißen Köpfen stürmen die, die gerade noch in den dunkelsten Ecken ihrer Hütten zusammengekauert gewesen waren, in eine hehre Zukunft. Sie drehen sich nie mehr um nach dem, was in ihrem Rücken stirbt. Nie dürfen sie daran denken. Nie dürfen sie darüber weinen. Das macht sie stark. Das macht sie fühl- und leblos, sie, die die lebendigsten von allen sein wollten.

Als Gaius Julius Caesar Gallien in drei Teile geteilt hatte, deren einen die Belger, deren zweiten die Aquitanier, deren dritten die Stämme, die in ihrer eigenen Sprache Kelten, in der der Römer Gallier hießen, bewohnten, kehrte er nach Rom zurück, machtvoller denn je, hochaufgerichtet und entschlossen, ein neues Zeitalter vorwärtseilen zu lassen, *sein* Zeitalter. Er hielt jetzt gern Reden vor hunderttausend Zuhörern. Fast immer hatte er dabei eine Hand auf dem Rücken und reckte die andere in die Höhe. Er sprach in klaren Sätzen, die jeder verstand. Verneinungen, auch wenn er selber sie gebrauchte, waren ihm zuwider. Er schleuderte jetzt beim Gehen die Beine weit nach vorn. Er bewirtete das Volk, seine Römer, auf dem Forum, an zweiundzwanzigtausend Tischen. Überall hingen Bilder von ihm, und in den Läden der Via Aurelia konnte man Togen kaufen, die der seinen glichen. Er verwandelte das alte Rom in ein neues. Überall entstanden breite gerade Straßen, über die Pferdewagen donnerten, Circusse und Paläste, vor denen steinerne Löwen und erzene Kolosse standen. In seinen Reden erinnerte Caesar an die Triumphe über die Juden oder Helveter und wies nach, daß Staatsformen, in denen über mehrere Ansichten diskutiert werden konnte, in den

Untergang führten. Heute gehören uns die Säulen des Herkules, rief er, und morgen der ganze Atlas. Die Menschen auf dem Forum tobten. Sie reckten die Hände in die Höhe. Sie gingen nach Hause, erhitzt vom Schwung des Todes, des Tages, und redeten davon, wie entsetzlich ihr altes Rom gewesen sei, überall Bettler. Jetzt werde alles klar und sauber werden. Wer jetzt für Caesar sei, dem werde es gut gehen, wer nicht, dem nicht. Es war eine erregende Zeit. Die Circusse waren ausverkauft, die Gaststätten voll mit eleganten Menschen in neuen Togen. Hin und wieder wurde in der Altstadt ein Lokal, in dem verschlampte Menschen verkehrten, von Junglegionären zusammengeschlagen, unter dem Gelächter der heimkehrenden Circusbesucher, die ihre Sänften anhalten ließen und so lange zuschauten, bis sie den Anblick des Blutes nicht mehr ertrugen.

Es war Frühling geworden, ein weicher wehender Frühling. Rom duftete nach Oleander und Orangenblüten. Wie immer, wie schon im alten Rom, wurde ein Fest gefeiert, bei dem die edelsten Jünglinge der Stadt mit grünen Ruten, Symbolen neuen Lebens, durch die Straßen eilten und, liebevoll oder fest, nach jungen Frauen schlugen, die das genossen, weil eine scharfe Berührung durch ein junges Holz bedeutete, daß sie einen Mann finden, Kinder kriegen und glücklich sein würden. So versteckte sich auch keine, sondern alle wollten in der ersten Reihe stehen, da, wo die spritzenden Schläge blutende Wunden hinterlassen konnten.

In diesem Jahr wurde das Fest dadurch geadelt, daß Caesar ihm beiwohnte, mit seiner Frau. Stundenlang warteten die Römer auf das Herrscherpaar. Sie schwitzten. Immer wieder spielten weise Alte, die mit Flöten, Zymbeln und Tamburinen an Straßenecken hockten, alte Lieder. Sie sangen mit bäurischen Stimmen. Erst als Caesars eigene Fanfarengruppe das Kommen des Helden ankündigte, verstummten sie. Die Römer glühten. Caesar, eine hagere Gestalt inmitten dicker Ratgeber, grüßte huldvoll nach allen Seiten. Dann stellte er sich bescheiden auf einem erhöhten Podest unters Volk. Neben ihm saß seine Frau.

Bevor er den Befehl zum Beginn des Jünglinglaufs gab, winkte er seinen Liebling, den jungen Marcus Antonius, zu sich und flüsterte ihm ins Ohr, er solle, er befehle es, auf seinem fröhlichen Lauf auch seiner Frau eins überzwicken. Zwar habe er ein Kind in einer fernen Provinz, jedoch keines in Rom. Marcus Antonius lächelte wissend. Er ging zum Startplatz, zu den andern Jünglingen. Caesar hörte gut gelaunt den Straßenorchestern zu, deren alte Weisen von Liebe und Freiheit in vergangenen Zeiten handelten. Er ließ sich auch nicht durch einen Wahrsager den Sinn verdunkeln, der ihm zurief, er solle sich vor den Iden des März hüten. Erstens waren die Iden des März noch weit weg, zweitens verstand er vom Kalender mehr als jeder andere, und drittens gab es Tausende von derartigen Männern im alten Rom. Da sie zu nichts anderem taugten, beobachteten sie den Flug der

Krähen und Adler. Im neuen Rom würde es so etwas nicht mehr geben. Dann begann das Fest.

Einige Straßen weiter, in einem schattigen Winkel, standen zwei alte Bekannte beieinander: Brutus und Cassius. Beide gehörten zu den reichsten Familien Roms und hatten bislang einen wesentlichen Einfluß auf die Regierungsgeschäfte genommen. Nicht, daß sie sich liebten – Brutus war ein leutseliger Lebenskünstler, Cassius ein sparsamer Asket –, aber sie respektierten aneinander eine Redlichkeit, die nicht auf den eigenen Erfolg aus war, nicht ausschließlich. Sie plauderten miteinander, wie man plaudert in Zeiten, in denen ein offenes Wort einen umbringen kann. Cassius lauschte nach dem fernen Lärm des Fests und sagte, seltsam, Caesar, wie er geworden ist. Einmal, als wir beide noch Senatsanwärter waren, habe ich mit ihm gewettet, wer sich traut, in den tobenden Tiber zu springen, natürlich haben wir uns beide getraut, aber in der Mitte begann Caesar plötzlich zu gurgeln, und ich zog ihn an Land. Heute grüßt mich Caesar kaum mehr. Hm, sagte Brutus. Der ferne Lärm des Fests war jetzt lauter geworden, und plötzlich kam Caesar, bleich und ohne die Freunde zu grüßen, durch die Gasse geeilt, gefolgt von betretenen Ratgebern, und verschwand in einem Torbogen. Cassius hielt den letzten Ratgeber fest und fragte, was los sei. Stellt euch vor, sagte dieser, Marcus Antonius hat, als er mit seiner Rute vor dem Podium ankam, Caesar eine Königskrone angeboten, und Caesar hat sie zurückgewiesen. Das Volk hat gejubelt. Marcus

Antonius hat ihm die Krone ein zweitesmal angeboten. Caesar hat sie ein zweitesmal abgelehnt. Das Volk hat noch mehr gejubelt. Ein drittesmal, und als das Volk noch mehr gejubelt hat, ist Caesar schreiend vom Podium gestürzt, mit Schaum vor dem Mund. Seit dem Gallienfeldzug hat er nie mehr einen Anfall gehabt, bis heute. Dann rannte der Ratgeber hinter den andern drein. Brutus und Cassius sahen sich an. Sie gaben sich die Hand, und jeder ging nach Hause.

In den nächsten Tagen sahen immer mehr Menschen Löwen auf den Straßen, brennende Sklaven, die in Haustoren verschwanden, Adler, die schlingernd vom Himmel stürzten, Frauen, die sich mit verdrehten Augen zu Boden warfen und von achtzig Meter hohen nackten Helden mit gewaltigen roten Speeren und mit Mammuthaaren belegten Schilden sprachen. Kahlgeschorene Sektenanhänger tanzten durch die Straßen. In den Nächten zeichneten Kometen eine glühende XXXXIV in den Himmel. Hunderttausend Römer versammelten sich auf dem Forum, ohne daß eine Rede angekündigt war. Alle warteten auf etwas. Cassius sah das alles. Er dachte, daß alles *einem* Mann nütze, und daß dieser sterben müsse. Er liebte eine Republik, in der *jeder* Tüchtige eine Chance hatte, wenn er aus guter Familie war. Er ging im Kopf die Liste derer durch, die mit ihm einig waren. Es waren viele, aber alle saßen auf den hintern Bänken des Senats. Er beschloß, mit Brutus offen zu sprechen.

Dieser ging, entgegen seinen Gewohnheiten, mitten in

der Nacht in seinem Garten auf und ab. Er konnte nicht schlafen. Wilde wirre Gedanken quälten ihn. Er versuchte, an seine Geschäfte und Liebhabereien zu denken, aber seine Gedanken kümmerten sich nicht darum und steuerten unbeirrbar auf einen Punkt zu: daß Caesar umgebracht werden mußte. Als sich der Sturm in seinem Kopf zu diesem Satz verdichtet hatte, betraten Cassius und seine Freunde den Garten. Sie lüfteten ihre Togen und zeigten ihre Gesichter. Brutus kannte sie alle. Alle waren Senatoren. Alle sagten offen, was sie dachten. Brutus nickte. Morgen, sagte er leise. Morgen sind die Iden des März. Jeder hat ein Messer bei sich, jeder. Nicht an einem soll der Ruhm oder der Makel des Tyrannenmords haften, sondern an allen. Alle gaben sich die Hand. Dann gingen sie leise durch die Gartenpforte weg, nicht leise genug, um Portia, Brutus' junge Frau, schlafen zu lassen. Sie tappte mit ihren Händen schlaftrunken neben sich im Bett herum und spürte das kalte Leintuch. Sie ging in den Garten. Brutus, Liebling, was hast du? Du hast dich verändert. Brutus küßte sie und sagte ihr alles. Portia erschrak tödlich. Sie wußte sofort, daß ihr Mann recht hatte.

In dieser Nacht schlief auch Caesar schlecht. Er zitterte noch immer. Glühende Meteore zischten vor seinem Fenster vorbei. Er dachte an den Wahrsager. Der Wind sang. Wölfe heulten in den fernen Bergen. Seine Frau schrie im Schlaf auf, und er weckte sie. Schweißgebadet saßen beide aufrecht im Bett, bis ihnen die aufgehende

Sonne ins Gesicht schien. Dann sagte Caesars Frau leise, geh nicht in den Senat heute, bitte, mir zuliebe. Caesar rief seine Auguren, und als diese sagten, Herr, der Hirsch, den wir heute im Morgengrauen ausgeweidet haben, hatte kein Herz, stellt euch das vor, kein Herz, da sagte Caesar zu seiner Frau: es sei so.

Da betrat Decius, einer der Mitverschwörer, das Schlafgemach. Was?! rief er. Caesar?! Im Bett?! Der Senat harret deiner. Caesar lächelte und sagte, heute, da kann der Senat auf mich warten, solange er willens; denn, lieber Freund, ich bleib hier in den Armen der liebenden Gattin. Caesars Frau errötete. So hatte Caesar seit Jahren nicht mehr von ihr gesprochen.

Aber, Caesar, rief Decius. Ist dir klar, was dies bedeutet? Heute wird dir der Senat die Krone anbieten. Soll ich den Herren denn sagen, daß Caesar des Volks edle Gabe morgen erst holt, weil er heute dazu halt grad keine Lust hat? Soll ich das?? Caesar fuhr wie eine Sprungfeder aus dem Bett, warf sich eine Toga um und war bereit, in den Senat zu gehen, in seinen Untergang.

Unterwegs fand er sogar seine gute Laune wieder. Vom Himmel brannte die Sonne auf seinen kahlen Kopf. Ihn dünkte, daß sie im Widerschein einer Krone noch heller strahlen würde. Ihn dünkte, man dürfe nicht mehr wissen, ob Caesar ein Widerschein der Sonne oder die Sonne ein Widerschein Caesars sei. Er lächelte bei diesem Gedanken. Als er den Wahrsager sah, der auf einer hohen Mauer saß und mit den Beinen baumelte, rief er ihm zu:

Nun sind sie da, deine Iden, und? Der Wahrsager lächelte. Sie sind da, sagte er, aber sie sind noch nicht vorbei. Decius zog Caesar am Ärmel weiter, und dieser stürmte die breite Treppe zum Senatsgebäude hinauf. Schnatternd stoben die Gänse, die vor dem Eingang weideten, auseinander. Caesar war ihr Schnattern so gewöhnt, daß er es nicht mehr hörte.

Er setzte sich auf den Präsidentensessel, schwang die Glocke und eröffnete die Sitzung. Sofort umringten ihn die Verschwörer. Alle knieten vor ihm nieder. Alle baten um Milde für politische Häftlinge, die ihre Freunde waren. Caesar lächelte. Ich bin nicht wie ihr, sagte er, ich bin kein Waschlappen. Die Verschwörer standen auf, nahmen ihre Messer aus den Togen und erstachen ihn. Auch Brutus stieß ihm seinen Dolch ins Herz. Sein Bauerngesicht war das letzte, was Caesar sah.

Ein ungeheurer Tumult brach los. Schreiend rannten die Senatoren auf die Straße. Jedem, der von der Tat erfuhr, fuhr der Schrecken in die Glieder. Jeder spürte, jetzt war etwas geschehen, was ihr Leben veränderte. Das Forum füllte sich mit Menschen, die nicht wußten, worauf sie warteten. Brutus und seine Freunde hoben den Leichnam Caesars hoch, um ihn dem Volk zu zeigen, und während sie dem Forum zuschritten, ging Marcus Antonius, schwitzend und händeringend, neben Brutus her. Wohl habe ich Caesar geliebt, sagte er und sah Brutus von der Seite her an. Aber euch liebe ich auch. Ich verstehe euch. Ich respektiere euch. Es mußte sein. Euch sei nun die Macht. Erlaubt mir, zu Caesars Abschied zum Volk zu sprechen. Brutus gestand es ihm zu, unter der einen Bedingung: nichts Nachteiliges über die Revolution zu sagen.

Brutus bestieg als erster die Rednertribüne. Römer, rief er und wies auf den toten Caesar. Ihr kennt mich. Ich bin ein gemütlicher Rotweintrinker, kein Volksverhetzer und Mörder. Ich sage euch, Caesar ist vom Machtrausch ergriffen worden. Wir aber wollen die Freiheit. Unter einem donnernden Applaus verließ er die Rednertribüne, und Marcus Antonius begann zu sprechen. Römer, sagte er. Landsleute. Es ist wahr, ich habe Caesar geliebt wie einen Vater, aber Brutus, der ein redlicher Rotweintrinker ist, sagt, Caesar wollte die Macht und nur die Macht. Da wird er schon recht haben. Marcus Antonius schaute lange in die Runde, so wie er das auf einer Rednerschule gelernt hatte: rechter Fuß vorgestellt, Rücken durchgedrückt, und ganz ruhig geblieben. Römer, sagte Marcus Antonius ruhig. Zwar haben wir alle gesehen, daß Caesar die Krone dreimal abgewiesen hat, aber Brutus, der ein gutmütiger Rotweintrinker ist, sagt, er habe nach ihr gegiert. Also war es so. Wieder schwieg Marcus Antonius, und seine Zuhörer murmelten. Römer, sagte er dann. Ich bin kein Redner. Ich bin nur ein einfacher Arbeitersohn. Ich rede, wie mir der Schnabel gewachsen ist. Wäre ich Brutus, der ein edler Rotweintrinker ist, ich könnte euch aufrütteln. Aber ich kann es nicht, und will es nicht. Ich will euch nur sagen,

daß ich Caesar geliebt habe. Jedoch Brutus, der ein roter Weintrinker ist, sagt, Caesar sei hassenswert gewesen. Das muß wohl stimmen. Hier habe ich Caesars Testament. Ich werde euch nicht sagen, was darin steht, aber es steht darin, daß jeder Römer bei seinem Ableben sechzig Sesterzen bekommen soll. Jeder. Jeder von euch. Marcus Antonius schwieg, und die Menge tobte. Viele reckten die Arme in die Höhe. Ich spreche nicht gegen die neue Revolution, rief Marcus Antonius und stellte den linken Fuß vor. Caesar selber hätte sie geliebt, denn Brutus, der jede Gewalt verabscheut, ist ein Mann des Friedens. Es ist ein Irrtum Caesars gewesen, daß er sich mit andern Ratgebern umgab, mit mir zum Beispiel. Schaut mich an. Ich bin ein ungebildeter Mann aus dem Volk, einer von euch. Was habe ich gegen Brutus zu bieten, der der Besitzer eines Marmorsteinbruchs ist? Der Herr über tausend Sklaven ist? Der die Provinz Makedonien verwaltet wie wir unsre Haushaltskasse?

Nun war das ganze Forum ein Meer hochgereckter Arme. Alle sangen. Römer, rief Marcus Antonius und breitete die Arme aus. Beruhigt euch. Bleibt besonnen. Geht nicht hin zu den Häusern der Verschwörer und zündet sie an. Lyncht keinen auf offener Straße. Denn sie sind alle Männer, die das Beste gewollt haben für sich und die Republik. Dann verließ Marcus Antonius die Rednertribüne. Alle rannten schreiend zu den Häusern der Verschwörer und zündeten sie an. Sie lynchten, wen sie fanden. Da und dort schlugen sie jemanden tot, der nur aussah wie ein Verschwörer, zum Beispiel einen Dichter, der gerade einen Marmor mit seinem neusten Werk zum Zensor schleppte. Ich bin ein Poet, schrie er, ich habe mich noch nie um die Wirklichkeit gekümmert, ich verspreche es euch. Es nützte ihm nichts. Er wurde mit seinem eigenen Marmor erschlagen. Brutus und Cassius entkamen mit knapper Not aus den Stadttoren. Ihre Frauen verbrannten in ihren Häusern. Unten auf der

Straße brüllten die Römer begeisterte Parolen, um ihr Schreien nicht zu hören.

Inzwischen handelte Marcus Antonius schnell und zielstrebig. Während die Senatoren noch immer von einem Ende Roms zum andern liefen, teilte er die Macht neu auf: zwischen sich, dem blutjungen Octavian und Lepidus, einem General. Hör mal, sagte er zu Octavian, der ein Adoptivsohn Caesars war. Lepidus ist ein altes Arschloch. Das Volk liebt ihn. Er hat ein paar Schlachten gewonnen, aber von Politik hat er keine Ahnung. Wir brauchen ihn, um zu beweisen, daß wir die Macht teilen können. Aber wir werden immer tun, was *wir* wollen. Octavian sah seinen Kollegen an. Dann lächelte er.

Wochen vergingen, in einer flirrenden Hitze, auf die ein Gewitter folgen *mußte*. Cassius und Brutus warben in ihren Provinzen – in den Bergländern Makedoniens und Syriens – Truppen an. Sie konnten ihnen nicht viel Geld versprechen, sie hatten selber keines mehr, aber sie sagten ihnen, daß es in der fernen Hauptstadt keine Freiheit mehr gebe. Es werde ein langer Marsch werden. Bald hatten sie ein großes Heer beisammen, junge mutige Bauern mit Spießen und Prügeln. Aber so einig sie sich in dem waren, was sie nicht wollten, so uneins waren sie in dem, was sie wollten. Brutus wollte mit dem Bauernheer ans Meer hinunterstürmen und die anmarschierenden Truppen Marcus Antonius' und Octavians abfangen. Cassius sagte, in den Bergen bewegten sich die Bauern wie Fische im Wasser, die Städter jedoch wie Kühe auf dem Eis. Hier oben könnten sie siegen. Brutus, der nachts von Caesar geträumt hatte, setzte sich durch. Sie zogen in die Ebene hinunter, nach Philippi. Viele Bauern zogen zum erstenmal in ihrem Leben von zuhause weg. So dicke Luft hatten sie noch nie geatmet. So geschwitzt hatten sie noch nie. Alle sahen, daß auf ihrem Marsch, statt Adler wie bisher, Geier über ihnen flogen.

Dann ging alles schnell. Marcus Antonius und Octavian griffen das Rebellenheer an, und bald wich der Teil, den Cassius befehligte, zurück. Die Bauern rannten in ihre Hügel zurück. Was ist mit Brutus? rief Cassius, und als jemand rief, auch dessen Heer wanke, befahl er einem Sklaven, ihn zu töten. Sekunden später traf ein Bote ein, der von einem Sieg des Brutus berichtete. Er wurde mit der neuen Nachricht zurückgeschickt, und Brutus nahm sein Schwert und stürzte sich hinein. Als Marcus Antonius ihn so sah, sagte er nachdenklich, wie kann man nur. Es gibt immer einen Ausweg. Er war der beste von allen, ein ehrenwerter Mann.

ANTONIUS UND CLEOPATRA

Zuweilen – in Epochen herrischer Machtaufwallung und strahlenden Fortschritts – scheint es auf dieser Erde kaum noch Frauen zu geben. Zum mindesten sieht man die Frauen nicht. Männer halten Reden auf großen Plätzen, die voller Männer sind, die laute Parolen schreien.

Männer mit Marschschuhen lecken die Lackstiefel anderer Männer. Alle haben leuchtende Augen. Im alten Rom zum Beispiel lebten nur Männer: Marcus Antonius, Octavian, Aemilius Lepidus, Pompeius. Enobarbus, Ventidius, Eros, Scarus, Dercetas, Demetrius, Philo, Maecena, Agrippa, Dolabella, Proculeius, Thyreus, Gallus, Menas, Menecrates, Varrius, Taurus, Canidius, Silius, Euphornius, Alexas, Mardian, Seleucus, Diomedes. Wahrsager, Bauern, Soldaten, Sicherheitsbeamte, Wachen, Spitzel, Boten, Händler. Es kann sein, daß sie alle in mit Vorhängen abgedunkelten Wohnungen Frauen hatten, denen sie, wenn die Weltgeschichte für Sekunden den Atem anhielt, hastig beiwohnten, und daß auf Dachgärten Kinder mit Holzschwertern Römer und Barbar spielten. Aber das öffentliche Rom war eine männliche Stadt, die römische Sonne stark und heiß, die römischen Straßen gerade, die römische Politik das Totschlagen, die römische Kultur aus Erz und Gold, die römischen Galeeren von Hauptleuten in ehernen Uniformen befehligt, denen Legionäre unterstanden, die an Ruderbänke angekettete Sklaven so peitschten, daß diese immer schneller den immer ferneren Reichsgrenzen hintendreinruderten. Von Männern wurde damals die Geschwindigkeit erfunden. Vorher war nie jemandem aufgefallen, daß ein Hase schneller rannte als ein Igel.

Ums Jahr 32 vor Christus war Caesar schon ein Dutzend Jahre lang tot, und Brutus, der ihn getötet hatte, auch. Seit ihrem Tod eilten die römischen Senatoren mit verspannten Gesichtern von Versammlung zu Versammlung und hängten ihre Toga jeden Tag in einen andern Wind. Alle Winde wehten von der Demokratie weg. Alle Römer, mächtige und schwache, wollten ihre Ruhe. Alle wollten einen starken Mann, der sie führte wie ein Vater. Niemand fragte die Frauen, ob sie einen starken Vater wollten.

So ist es kein Wunder, daß Marcus Antonius – einer der drei Männer, die sich nach Caesars Tod die Macht über Rom teilen mußten – nicht mehr wußte, wo ihm der Kopf stand, als er zum erstenmal ein fremdes Land betrat und dessen Königin sah. Eine Cleopatra gab es in Rom nicht. In Rom waren alle Frauen in Säcke gekleidete Mütter, seine auch. Marcus Antonius blieb mit offenem Mund unter der Palasttür stehen. Vor ihm saß die Herrscherin Ägyptens, eine Statue aus Erz. Natürlich hatte er von ihr gehört. Jeder Römer hatte von ihr gehört, seitdem Caesar einen langen Sommer lang nicht nach Hause gekommen war und dann überall auf Papyrus gemalte Bilder einer im Profil gemalten kindartigen Dame und eines Babys mit bronzefarbener Haut und einer Adlernase herumgezeigt hatte. Marcus Antonius hatte das übergroße Auge der gemalten Cleopatra nie vergessen. Er bebte. Er erinnerte sich daran, daß Caesar einmal zu ihm gesagt hatte, daß Cleopatra die nordischen Römer liebe. Sie könne ihnen nicht widerstehen. Ist ja auch klar, hatte Caesar gesagt und gelächelt. Stell einmal mich neben einen Fellachen.

Tatsächlich sah Cleopatra gespannt Marcus Antonius entgegen, als dieser zum erstenmal ihr Gemach betrat. Mit einer Kopfbewegung bedeutete sie ihrem Sohn, einem hochaufgeschossenen Jüngling mit einer Adlernase, hinauszugehen. Dann wandte sie sich dem vertrauten Fremden zu. Es war eine Leidenschaft auf den ersten Blick. Beide hatten ihr erstes Glas Wein noch nicht ausgetrunken, als sie sich auch schon über den Boden wälzten, unter den kühlenden Palmwedeln von Eunuchen, die blind und taub dem schlingernden Kurs der Liebenden über den Teppichboden des königlichen Gemachs folgten.

Zeit verging, eine schöne Zeit. Die harten Männer Roms waren weit weg, die Sonne schien im Sommer wie im Winter, der Nil trat über seine Ufer und hinterließ einen grünen Mai oder September, und Marcus Antonius hatte nie genug davon, Cleopatra küssend zu erforschen. Sie war schöner als auf den Papyrussen Caesars. Sie war kein Mädchen mit Knabenhüften mehr, sondern eine Frau mit einem Kopf. Sie wußte jetzt, was sie wollte. Sie hielt Marcus Antonius am Vormittag mit einem tändelnden Lachen hin und warf sich am Nachmittag mit solcher Wildheit über ihn, daß er bald wie ein blinder Hahn durch den Palast tappte. Sie bedachte nicht, daß sie dabei war, in ihre eigene Falle zu laufen, selber ein blindes Huhn. Auch Cleopatra konnte keine Herzen in Brand stecken, ohne sich anzusengen. Keine Eichel finden, ohne blind zu werden.

Cleopatra ahnte nichts vom Anfang ihres Endes. Wenn Marcus Antonius, leergefickt, in seine Wohnung zurückgetaumelt war, fragte sie strahlend ihre Eunuchen, was sie von der Liebe hielten. Die Eunuchen, die jetzt wieder hörten und sahen, gaben ausweichende Antworten. Cleopatra sah auf ihre schwarzen glänzenden Schwänze und lachte mit einer glockenhellen Stimme. Für den sich entfernenden Marcus Antonius klang es wie ein dahineilender Bergquell, für die Eunuchen wie eine Kaskade aus Rasiermessern.

Stundenlang dann stand Marcus Antonius auf der Veranda seiner Wohnung im königlichen Palast von Alexandria und sah übers Meer hin. Hinter ihm stand einer der unzähligen Boten aus Rom und las einen Bericht Octavians vor, in dem von Männlichkeit, Entbehrung, Macht und Ruhm die Rede war. Das waren Begriffe, die auch Marcus Antonius gern hörte, nur nicht gerade jetzt. Es war das erste Mal, daß er eine unvernünftige Zeit erlebte. Er hatte nicht gewußt, wie herrlich es war, *nicht* herrschen zu wollen. Er stöhnte auf vor Glück und breitete die Arme über das weiße Alexandria aus. Dann aber hörte er – das war der Beginn *seines* Endes –, wie der Bote sagte, seine Frau in Rom sei gestorben, einsam und bitter, und der reiche Pompeius sei dabei, Octavian im Kampf um die Macht in Rom auszustechen. Marcus Antonius fuhr hoch. He, rief er. Und ich? Ihr glaubt mich im Bett Cleopatras, Wachs in ihrer Hand? Ihr werdet mich kennenlernen! Ich werde euch mit donnernden

Schwerthieben in die Schranken weisen, das werde ich! Ich werde mich von ihr losreißen! Er brüllte jetzt, mit den Fäusten gegen das blaue Meer drohend. Ich weiß, rief er über die Dächer Alexandrias hin, eure Königin ist eine Schlange. Ich, wenn wir uns lieben, stammle mit weitaufgerissenem Mund ihren Namen, sie aber schließt die Augen und denkt an Ägypten. Marcus Antonius atmete schwer und sah nach unten. Da unten standen, starr, verblüfft, Alexandriner und bargen ihre Angst in ausdruckslosem Blick. Ja, rief Marcus Antonius ihnen zu: aber was für Beine! Was für ein Geruch! Was für Hüften! Was für ein Bauch! Was für Brüste! Was für eine Nase! Dann riß Marcus Antonius sich los vom Terrassengeländer und eilte zum Hafen und bestieg einen Schnellsegler und fuhr, begleitet von seinen Ratgebern, nach Rom zurück, ohne sich von Cleopatra verabschiedet zu haben, ohne sie eine Sekunde lang vergessen zu können.

In Rom war sogleich alles wie früher. Überall Männer. Aus allen Fenstern grinsten die Dämonen seiner Kinderzeit. Überall spielten Kinder Foltern und Hinrichten. Er ließ sich in einer verhängten Sänfte vom Hafen zum Palast tragen. Sicherheitslegionäre scheuchten die Passanten von den Straßen, durch die die Träger trabten. Marcus Antonius sah die verschlossenen Gesichter der Römer und dachte an die sonnige Herzlichkeit der Ägypter. Die Stadt war ein einziger Lärm. Überall Baustellen. Alles stank. Alle hetzten hin und her. Marcus Antonius seufzte. Im Palast ging er sofort ins Amtszimmer Octavians. Die Kollegen schlossen sich in die Arme. Dann setzte sich Octavian auf einen Marmortisch, in den das römische Reich mit Mosaiksteinen eingelassen war. Er bot Marcus Antonius einen Stuhl an, einen Hocker. Sie sahen sich in die Augen. Octavian war ein hagerer

Mann voller Muskeln und Sehnen und einem Geist, der nur gerade Linien und rechte Winkel kannte. Marcus Antonius hatte gerötete Wangen und wulstige Lippen, und sein Geist enthielt seit einiger Zeit Vanillegerüche, die so stark waren, daß sich in ihnen Gedanken und Bilder in eine blaue Ohnmacht auflösten.

Octavian trommelte mit den Fingern auf die Tischplatte und sagte, er sei entsetzt von Marcus Antonius' Amtsführung. Das Mittelmeer – Roms Meer – sei voller Seeräuber, und minderwertige Arabervölker tanzten den Römern auf der Nase herum. Er fühle sich von Marcus Antonius verraten. Er könne sich erinnern, daß sie einmal gemeinsame Ziele gehabt hätten. Auch Marcus Antonius habe einmal lieber der erste in Rom als der zweite in Alexandria sein wollen. Kraft, Stärke, Römertum – ob ihm das nichts mehr sage? Octavian schwieg und sah Marcus Antonius an. Dieser wischte sich den Schweiß von der Stirn und sagte, ja aber was hast du denn, du spinnst wohl, ich bin loyal, völlig loyal, der Beweis ist, daß ich zu dir gekommen bin, nicht zu Pompeius, von dem ich sehr wohl weiß, daß er in Sizilien sitzt und eine Flotte baut. Und Cleopatra? sagte Octavian. Sie ist eine Schlange, stotterte Marcus Antonius. Hm, sagte Octavian. Gut, ich mache dir ein Angebot. Du hast noch immer eine große Flotte und eine beachtliche Streitmacht. Du heiratest meine Schwester, und dann rotten wir zusammen Pompeius aus. Rom wird uns beiden gehören. Ja? Octavian sah Marcus Antonius an, bis dieser nickte. Das mit Pompeius wird für uns kein großes Problem sein, sagte er leise, und deine Schwester ist ein sympathischer Kerl. Octavian und Marcus Antonius umarmten sich. Dann ging jeder in seine Privaträume. Die Staatsräson hatte über eine Leidenschaft gesiegt, die mit ähnlichen Überlegungen begonnen haben mochte. Marcus Antonius stand auf seiner Palastveranda und sah über Rom hinweg. Die Sonne versank im Meer, blutrot. Auf allen Dachterrassen standen schwarze Frauen, die weiße Leintücher auf lange Leinen hängten. Kinder erstachen sich mit Holzschwertern. Aus den offenen Fenstern der untern Stockwerke hörte Marcus Antonius die Stimmen seiner Begleiter, die den römischen Beamten Erlebnisse aus tausendundeiner Nacht erzählten. Die Beamten hörten atemlos zu. Durch die kahlen Kammern ihrer Gehirne zog ein toller Zug aus nackten Frauen, gefiederten Vögeln, Krokodilen und schweigenden Sphinxen.

In Alexandria hatte Cleopatra die überstürzte Abreise ihres Geliebten schlecht ertragen, überhaupt nicht. Sie tobte. Sie fegte durch ihre Zimmer und schrie die Eunuchen an. Sie merkte zum erstenmal, daß auch sie die wilden Nachmittage und Nächte brauchte. Sie liebte Marcus Antonius wie er sie. Sie schickte einen Boten nach dem andern nach Rom. Sie wollte alles von ihm wissen, und als endlich ein Bote zurückkam und ihr berichtete, daß er die Schwester Octavians geheiratet habe, bekam sie einen so heftigen Wutanfall, daß sie zu befehlen vergaß, den Boten den Krokodilen vorzuwerfen. Sie gab ihm nur einige Fußtritte und zerkratzte ihm das Gesicht. Dann, als sie sich etwas beruhigt hatte, mußte der Bote das Aussehen der neuen Geliebten Marcus Antonius' schildern. Nun, sagte dieser, hm, sie sieht aus wie ein Kloß und hat, wenn mir dieser Ausdruck hier erlaubt ist, einen Hintern wie ein zersessenes Lederkissen. Ihre einzige Leidenschaft ist ein blitzsauberer Haushalt. Cleopatra lächelte. Geh und laß dir deine Mütze mit Perlen füllen, sagte sie, ein wenig versöhnt. Mein Marcus Antonius wird wiederkommen. Ich spüre es. Seine Frau ist eine Speise, an deren Fett er ersticken muß, ich aber bin ein Getränk, dessen Glut ihn verbrennen kann.

Octavian und Marcus Antonius spannen inzwischen ihr Machtnetz fester. Sie teilten in geheimen Gesprächen die Welt. Dann fuhren sie in einer prunkvollen Staatsgaleere nach Sizilien und wurden von Pompeius mit Küssen und Musik empfangen. Sie schritten eine Ehrenkompanie ab. Sie sahen die tadellose Disziplin der Truppe und die unglaublich vielen Schlachtschiffe im Hafen. Dann begaben sie sich zu einem Essen auf Pompeius' Kommandogaleere. Sie tafelten von sieben Uhr abends bis um Mitternacht. Bald waren alle betrunken, und ihre Angst schlug in eine blendende Laune um. Alle erzählten Geschichten von eigenen Siegen und fremden Niederlagen. Die Ratgeber redeten mit immer hörbareren Stimmen auf Pompeius ein, seine beiden Gäste jetzt und hier umzubringen. Pompeius, dem dieser Gedanke nicht neu war, ging nicht darauf ein. Er küßte Octavian und Marcus

Antonius erneut, und alle drei unterzeichneten einen Nichteinmischungspakt. Dann trennten sie sich. Octavian fuhr nach Rom, Marcus Antonius nach Athen, Pompeius blieb in Messina. Alle drei verkündeten ihren Völkern, daß der Friede gesichert sei. Sie hoben Truppen aus und modernisierten die Bewaffnung. Octavian ließ Galeeren mit doppelt so vielen Ruderbänken bauen. Pompeius rüstete das Landheer mit Edelstahlschwertern aus. Marcus Antonius bestellte neue Wurfmaschinen. Trotzdem aber sah er immer öfters gedankenverloren übers Meer, in einem Strom sehnender Gedanken, und als seine Frau ihn endlich fragte, was er denn habe, sagte er, hör mich an, Maus, ich bin sicher, dein Bruder will mich betrügen, er rüstet auf, er ist mein Feind, unser Feind. Geh nach Rom und versöhne uns. Seine Frau, Octavians Schwester, nickte. Sie liebte ihren Bruder. Sie wollte keinen Streit. Sie wollte, daß sich alle gern hatten in der Familie. Marcus Antonius begleitete sie zum Hafen, und als er sie davonschwimmen sah auf ihrer Galeere, im Heck hokkend, dachte er, sie sieht wie ein Kloß aus, an dem ich ersticken werde.

In Rom sagte Octavian seiner Schwester die Wahrheit: daß Marcus Antonius ihre Abwesenheit dazu benützen werde, Cleopatra zu besuchen. Daß die Notwendigkeiten des Staates wichtiger seien als die Harmonie der Familie. Daß jetzt *er* kommen, sehen und siegen werde. Daß er jetzt mit diesem asiatischen Gesindel aufräumen werde.

Währenddessen fickten und fickten und fickten Marcus

Antonius und Cleopatra auf ihren vertrauten Teppichen. Die Eunuchen wechselten sich beim Palmwedeln ab. Als die Verliebten zum erstenmal aus ihrem Taumel aufwachten und aus dem Fenster sahen, lag Octavians Flotte vor der Stadt. Sie hatte in der Zwischenzeit Pompeius' Flotte versenkt. Marcus Antonius sprang sofort auf und brüllte, daß er die Eierschalen dieser Römerhunde versenken werde. Seine eilig herbeigerufenen Ratgeber beschworen ihn – während sie aus den Augenwinkeln zusahen, wie Cleopatra sich still und traurig anzog –, keine Seeschlacht zu riskieren. Ich will aber eine Seeschlacht, schrie Marcus Antonius. Ich bin nie feige gewesen. Ich bin ein Mann. Er atmete heftig und hustete. Ich, sagte plötzlich Cleopatra aus dem Zimmerhintergrund, und alle drehten sich nach ihr um: ich stelle dir meine Flotte zur Verfügung, Geliebter. Marcus Antonius und die Ratgeber sahen die Königin an. Sie stand da, hochaufgerichtet, leuchtend. Seht ihr, ihr Angsthasen, sagte Marcus Antonius zu den Ratgebern. Diese nickten. Sie sagten nicht, daß sie wußten, daß die ägyptische Flotte aus Nilbooten, Flößen, Fähren und Einbäumen bestand.

Dann begann die Schlacht. Marcus Antonius und Cleopatra fuhren, jeder auf einem goldstrahlenden Schiff, an der Spitze ihrer Flotten den Schiffen Octavians entgegen. Die Sonne brannte vom Himmel. Das tiefblaue ruhige Meer war von Horizont zu Horizont mit Galeeren bedeckt, in denen stumme, fühllose, angekettete Ruderer saßen. Sie ruderten blind, ohne die Peitschenhiebe zu spüren, die ihnen auf die Rücken zischten. Trompeten schmetterten. Durch Megaphone beschimpften sich die Heerführer, bevor ihre Schiffe ineinanderkrachten, in voller Fahrt. Holz splitterte. Brandfackeln flogen. Männer schrieen. Enterhaken schlugen in Seitenwände. Schwerter blitzten. Es roch nach Rauch. Steinkugeln patschten ins Wasser, das sich rot färbte. Schiffe barsten auseinander. Die angeketteten Männer brüllten, bis das Meerwasser ihre offenen Münder füllte.

Marcus Antonius dirigierte die Schlacht mit heftigen Armbewegungen. Cleopatra hingegen stand unbeweglich im Bug ihres Schiffs, eine Statue aus Erz. Den Legionären setzte der Herzschlag aus, wenn sie die ferne Göttin auf dem feindlichen Schiff erblickten. Sie wagten es nicht, ihre Armbrustpfeile auf sie abzuschießen, und wenn einer es doch versuchte, sank er tot um, von einem Hieb getroffen, der aus dem heiteren Himmel kam. Marcus Antonius zertrümmerte, in Cleopatras Schutz, eine Galeere Octavians nach der andern. Plötzlich aber scherte Cleopatras Schiff aus dem Verband aus und fuhr mit geblähten Segeln auf den Hafen von Alexandria zu. Was war geschehen? Niemand hatte gesehen, daß die Königin einen Befehl geflüstert hatte. Marcus Antonius war starr vor Entsetzen. Sofort fuhr er hinterdrein, im Kielwasser seiner Geliebten. Die Schlachtordnung brach auseinander. In wilder Flucht fuhren alle Schiffe aufs Ufer zu. Die Matrosen füllten jeden Leinwandfetzen mit Wind, und die Sträflinge ruderten um ihr Leben. Octavian verfolgte sie einige Meilen weit, dann gab er den Befehl zum Anhalten. Er hatte gesiegt. Er hatte eine Schlacht, wenn auch nicht den Krieg gewonnen. Er ließ sich ein gutes Essen auftragen, badete in mitgebrachtem Süßwasser und ging zu Bett.

Im königlichen Palast brüllte Marcus Antonius zum hundertstenmal, jetzt erkläre mir endlich einmal, wieso bist du geflohen? Cleopatra, in Tränen aufgelöst, rief, aber ich wußte doch nicht, Geliebter, daß du mir folgen würdest, ich hatte einfach genug, diese römischen Schlachten sind schrecklich, ich wollte heim. Marcus Antonius stierte vor sich hin und schüttete ein Glas Wein nach dem andern in sich hinein. Wir haben eine Schlacht verloren, sagte er schließlich, aber nicht den Krieg. Nicht das Leben. Wein! Fleisch! Alle tranken und aßen. Die Messer klapperten auf den Tellern, und die Zähne der Essenden knirschten. Marcus Antonius faßte einen der Eunuchen bei den Händen und sah zu ihm hoch und sagte mit Tränen in der Stimme, nicht wahr, ich bin immer ein guter Herr gewesen, nicht wahr? Der Eunuch verneigte sich. Wenn du wüßtest, sagte Marcus Antonius, wie schwer es ist, mächtig zu sein, wie einsam ich bin. Wäre ich doch ein Eunuch geworden wie du. Alle schwiegen. Stumm, mit nassen Augen, sah Marcus Antonius dann einigen Bauchtänzerinnen zu. Nehmt all meinen Reichtum, sagte er, als sie fertig waren, ihr tanzt so herrlich, Tänzer hätte ich werden sollen statt Statthalter, all mein Gold sei euer. Für mich ist alles verloren. Komm,

Cleopatra, wir schreiben Octavian, daß er gesiegt hat. Mir genügt es, wenn ich mein Landhaus in Athen behalte, und dich, Geliebte.

Am nächsten Morgen, auf seinem Schiff, las Octavian den Brief seines Feinds. Er schüttelte den Kopf. Bote, sagte er, schwimm hin nach Alexandria und sage dort: Dies ist die Antwort Octavians: Cleopatra sei frei und das Land das ihre, unter der Bedingung, daß sie eigenhändig Marcus Antonius erschlägt. Ich will ihn tot.

Der Bote kam nach Alexandria und fand Cleopatra allein in ihrem Gemach. Sie las den Brief, dachte einige Zeit nach, dann hob sie den Kopf und sah den Boten an und nickte. Der Bote ging.

Einer der Eunuchen, der, dem Marcus Antonius die Hand gehalten hatte, eilte sofort zu diesem und sagte ihm alles. Marcus Antonius rang nach Luft. Er rannte die Treppen hinunter und schrie Cleopatra an, sie sei eine treulose Hure und denke nur an sich. Cleopatra sah ihn ernst an und flüsterte, du hast keine Ahnung vom Leben, mein Freund. Was hätte ich dem Tyrannen denn sonst antworten sollen? Marcus Antonius sah sie an. Morgen werden wir die Entscheidungsschlacht schlagen, sagte er dann und faßte nach Cleopatras Hand. Zur See.

Bei Sonnenaufgang band Cleopatra Marcus Antonius eigenhändig die Rüstung um. Sie küßte jeden Zentimeter seiner Haut, bevor sie sie mit Eisen und Leder bedeckte. Dann fuhren die Schiffe Marcus Antonius' den Schiffen Octavians entgegen. Octavian, seines Siegens sicher, sah sie kommen. Ich will Marcus Antonius lebend, sagte er zu seinen Hauptleuten. Zeigt diesen Beduinen, was ein Römer ist. Wieder krachten die Schiffe ineinander, von atemlos rudernden Männern angetrieben. Aber diesmal manövrierte Marcus Antonius geschickter als tags zuvor. Eine Galeere Octavians nach der andern versank. Schon sah es so aus, als siege Marcus Antonius auf der ganzen Linie. Dann wendete der Wind. Plötzlich ging Marcus Antonius' Kampflinie aus den Fugen. Vor seinen Augen brachte sich sein treuster Freund um. Ein Bote meldete, das Landheer meutere. Schiff um Schiff sackte ab. Verrat, dachte Marcus Antonius. Er geriet in Panik. Cleopatra hat mich verraten, schrie er seinen Steuermann an. Ich habe es immer gewußt. Ich habe sie geliebt. Ich liebe sie. Ich befehle den sofortigen Rückzug.

Im Palast fand er nur einen Diener, der ihm stotternd sagte, seine Herrin sei in das Mausoleum der Könige in die öde Wüste in die Gruft des Todes am Ufer des Nils gegangen und habe sich erstochen, seinen Namen auf den Lippen. Marcus Antonius wurde bleich. Sollte er sich geirrt haben? Er befahl seinem neben ihm stehenden Ratgeber, ihn zu töten, und als dieser davonrannte, nahm er sein Schwert, stützte es vor sich auf dem Boden auf und stürzte sich hinein. Dann stak er auf dem Schwert, ohne tot zu sein, und brüllte nach Hilfe oder Erlösung. Sein Blut rann auf die Teppiche der Liebe von früher. Der Ratgeber kam zurück. Sie ist gar nicht tot, rief er, wie seht ihr aus, Herr? Nicht tot, murmelte Marcus Antonius, in seinem Schwert steckend, und es war nicht klar, ob er sich oder Cleopatra meinte. Der Ratgeber schleppte ihn, in einer glühenden Sonne, durch die Straßen Alexandrias, durch heißen weichen Sand zu den Ufern des Nils zu Cleopatras Grab. Traurig sahen sich Marcus Antonius und Cleopatra an. Es gab nichts mehr zu sagen. Marcus Antonius starb, ohne zu wissen, ob Cleopatra ihn gehaßt

oder geliebt hatte. Cleopatra wußte nicht, wieso sie Marcus Antonius hatte sagen lassen, sie sei tot. Sie saß reglos auf dem Stein, der ihr Grab bedecken sollte, und sah auf den toten Römer hinunter. Das Schwert steckte immer noch in ihm. Cleopatra fragte sich, ob sie eine große Liebende war oder eine große Sau.

Es klopfte. Octavian stand vor ihr. Sie neigte ihr Haupt und sagte: Mein Herr. Mein Sieger. Ihr seht mich auf meinem Grab sitzen. Ihr werdet mein Reich bekommen. Kommt in einer Stunde wieder. Bitte. Octavian sah sich unbehaglich in der Gruft um. Er sah den toten Rivalen. Er fröstelte. Mit schnellen Schritten ging er hinaus ins Sonnenlicht. Unter der niedern Tür begegnete er einem Bauern, der einen großen Korb trug. Er schenkte ihm keine Beachtung. Gierig sog er die frische Luft draußen am Ufer des Nils ein. Er sah über seine braunen trägen Wasser.

Der Bauer stellte den Korb vor Cleopatra hin. Ich weiß nicht, was ihr vorhabt, Königin, sagte er. Aber die Würmer da drin haben keinen guten Charakter. Glaubt mir. Ihr solltet sie weder streicheln noch küssen noch füttern. Sie danken es einem nie. Cleopatra lächelte, gab dem Bauern die Hand, und dieser zog sich auf den Knien rutschend zurück.

Dann wandte sie sich ihren Frauen zu. Ich werde euch jetzt verlassen, sagte sie. Ich will mich von euch verabschieden. Wir Frauen finden kein Glück in dieser Welt. Laßt euch küssen. Die Frauen erbleichten. Als Cleopatra die erste, ihre beste Freundin, umarmte, fiel diese tot um. Trotzdem küßte sie auch alle andern. Dann öffnete sie den Korb, nahm eine Schlange heraus, eine Viper, riß ihr Kleid auf und legte sie sich auf die Brust. Als die Schlange nichts tat, nur in ihren Bauch hinunterkroch, nahm sie eine zweite, und diese biß sofort. Die Frauen stoben schreiend davon. Als Octavian nach einer Stunde wiederkam, lag Cleopatra tot auf dem Boden, zwischen ihrer Freundin und Marcus Antonius.

TITUS ANDRONICUS

Die Hütte, in der ein Mensch wohnt, mag für diesen ein Raum sein, in dem er auf und ab schreitet ein Leben lang, ohne wissen zu wollen, was sich tut hinter der Hecke des Nachbarn. Seine Hütte, die Hütte des Nachbarn, die nächsten Hütten rechts und links mögen in einem Dorf stehen, das zu durchmessen ein rüstiger Mann eine halbe Stunde braucht, und dieses in einem Land, an dessen einem Ende der Morgen graut, wenn an seinem andern Ende die Menschen die Kerze ausblasen. Und dieses mag der Teil eines meerumspülten Kontinents sein, und dieser ist gewiß ein Teil der Erdkugel, die so groß ist, daß ein Mensch sie nicht in vierzig Jahren zu umwandern vermag, und wenn ers versucht, und wenn ers vermag, so wird er doch in stillen Winternächten innehalten im knirschenden Schnee und in den kalten Himmel blicken und denken, daß sein Wandergebiet – als junger Mann ist er aufgebrochen, und als Greis wird er an denselben Punkt gelangen – nicht mehr als ein Steinbrocken ist, der durch eine eisige Leere rast, stumm und gnadenlos, vorbei an gnadenlosen und stummen Steinbrocken, die, wenn eine Sonne sie bescheint, Sterne heißen, und daß hinter diesen Sternen Sterne durchs All stürzen, die er nicht sieht, und daß auch diese noch die allernächsten sind, und daß hinter diesen Sternen Gestirne fliegen, die niemand je gesehen hat, von bloßem Auge nicht, nicht mit Fernrohren oder Radiosonden, und daß hinter den nur vermuteten Gestirnen neue Nebel aus glühenden Sonnen und eisigen Monden anfangen mögen, mit dem unsern verbunden oder nicht – aber wie soll ein Nichts zwischen wirbelnden Nebeln beschaffen sein? –, und daß endlich hinter jenen Gaswinden, in die auch das Denken der Menschen nie gedrungen ist, immer neue, immer licht- und zeitlosere Welten beginnen könnten. Dort hörte der Wanderer dann, könnte er sich dahin begeben, immer deutlicher das Sirren dann Surren dann Toben dann Tosen dann Donnern des ersten Tags, an dem dies alles plötzlich da war, mit einem Knall, der so unfaßbar war, daß wir heute noch, wenn wir in einsamen Nächten die Ohren in den Himmel richten, sein Echo hören, oder ist dies schon der Widerhall unsres Endes? Von dort her gesehen wäre die Erde nichts, die Menschen auf ihr wären nichts, der Weg des Lebens eines Menschen hätte nicht die Länge der Breite eines Haars, und die Dauer seines Daseins wäre nicht das Aufflammen eines Streichholzes. So wäre das. So wird das sein. Alles gerät den Menschen zu groß oder zu klein.

Alles gerät den Menschen zu langsam oder zu schnell. Im alten Rom zum Beispiel, zu der Zeit, wo auch die hoffärtigsten Römer spürten, daß die Goten kommen und ihnen die Schädel zerschmettern würden, so ums Jahr 400 herum, in jenem alten Rom war der alte Kaiser gestorben, und ein neuer mußte gefunden werden. Wieder drängten sich die fähigsten Männer zur Macht, vor allem die Söhne des toten Kaisers. Jedermann haßte sie. Alle wandten ihre Gunst dem greisen Titus Andronicus zu, der eben, nach einem triumphalen Gemetzel, von der Gotengrenze zurückkam. Die Römer rasten vor Begeisterung, als sie sahen, daß Titus Andronicus eine leibhaftige Gotenkönigin, Tamora, deren drei Söhne, blonde Jünglinge mit vorspringenden Kinnen, und einen Schwarzen mit rosenroten Handflächen mit sich führte. Sie schrieen alle – auf dem Forum drängten sich hunderttausend Römer –, ja, Titus Andronicus, der blutige Held, soll unser Kaiser sein. Saturninus und Bassianus, die Kaisersöhne, standen bleich daneben. Sie fielen vor dem alten Haudegen auf die Knie und riefen, bedenke, Held, du bist ein Meister des Kopfabschlagens, aber kein Politiker, du wirst dich anöden auf dem Thron, laß uns drauf. Titus Andronicus, der einundzwanzig Söhne auf den Schlachtfeldern des Nordens gelassen hatte und einen zweiundzwanzigsten in einem Sarg mit sich führte, hörte auf das Tosen seines Herzens und das Toben der Römer, und bevor er eine Entscheidung fällte, die Macht betreffend, ließ er, wie es üblich war, einen der drei Söhne der Gotenkönigin abschlachten. Vergeblich bat Tamora um Milde. Umsonst warfen sich die Jünglinge in den Staub. Der Gote wurde erschlagen und den Hunden vorgeworfen. Dann wandte sich Titus Andronicus Saturninus zu und sagte, es sei, werde du Kaiser. Bassianus stand kreidebleich daneben. Er haßte seinen Bruder.

Saturninus, glücklich, packte Lavinia, die Tochter von Titus Andronicus und die Braut von Bassianus, und sagte, komm, ich mach dich zur Kaiserin. Dies sei die Belohnung für Titus Andronicus. Er sah Titus Andronicus an, der sich lächelnd verbeugte. Keiner von beiden kümmerte sich um die Meinung von Lavinia oder von Bassianus, Titus Andronicus nicht, weil er nur in die Augen der Macht sah, Saturninus nicht, weil seine Augen nun plötzlich auf dem Schwung des Rückens der Königin der Goten ruhte. Ihre nackte Haut! Es war ihm fast gleichgültig, daß Bassianus Lavinia mit sich fortriß, daß Titus Andronicus die Braut zurückholen wollte und einen Sohn, der ihn aufhalten wollte – nicht, o Vater – erschlug: er nahm, wie im Traum, Tamora die Handfesseln ab und sagte, sei *du* die Kaiserin, mein Gestirn. Tamora richtete sich hoch auf. Titus Andronicus stand daneben, im Blut seines Sohns, und als Tamoras Blick sich ihm zuwandte, beugte er sein Knie. Allein kniete er im Blut seines Sohns, während alle andern zu einer glanzvollen Hochzeit zogen, seine ehemalige Gefangene am Arm des Kaisers, ihre zwei Söhne mit wippenden Hüften und spielenden Muskeln, und um alle herum, wie ein rastloser Höllenmond, der Schwarze. Um Titus Andronicus herum saßen seine Söhne und warteten, daß der Staub des Forums, den der Atem des Vaters aufwirbelte, sich legte.

Im Kaiserpalast, in den nächsten Tagen, erglühte Saturninus immer mehr für Tamora, und diese sagte, während sie Saturninus koste, wo und wie es ihm am liebsten war, Herr, wenn ihr einen Rat einer liebenden Sklavin annehmt, liebt eure Feinde, tut so, als liebtet ihr eure Feinde. Ihr habt viele Neider. Ich habe viele Neider. Wir werden alle Sterne vom Himmel des Ehrgeizes herunterholen. Wir werden allein übrigbleiben im allmächtigen Rom. Saturninus reckte und dehnte sich und stöhnte, ja, Geliebte, so machen wir es.

Aber keiner blieb müßig: Der Schwarze versuchte, das Herz seiner Herrscherin, das er besessen hatte, wieder zu gewinnen – ihr Herz? Die Söhne der Herrscherin gedachten das Herz Lavinias zu erobern – ihr Herz? Titus Andronicus – er ertrug es nicht, von der Macht verachtet zu werden – wollte das Herz des Kaisers erneut besitzen – sein Herz? –, indem er eine Jagd veranstaltete. Jeder wollte Hetzer sein, keiner das Wild. Gemeinsam brachen alle auf, eine lachende Meute, mit Hunden, Hörnern, Pferden, hinein in einen gewaltigen Pinienforst. Man hörte das sich zerstreuende Halloo der Jäger und Jägerinnen, bis schließlich jeder und jede allein und schweigend durch dämmriges Unterholz streifte, auf der Suche nach *seinem*, nach *ihrem* Wild. Tamora fand den Schwarzen in einem Moosgrund. Sie warf sich glühend vor monatelang aufgestauter Gier über ihn und wühlte sich in seine Schwärze hinein. So wurde sie von Bassianus und Lavinia überrascht, auch sie auf der Suche nach einer Liebesgruft. Lavinia lachte mit einem roten Gesicht, und Bassianus wölbte die Brust vor und sagte, der Kaiser, dein Herr, wird dich zerfleischen. Die Söhne Tamoras eilten herbei – zu Hilfe, Söhne, eure Mutter ist das Opfer eines Komplotts –, erschlugen Bassianus und schleppten Lavinia mit sich durch Himbeergestrüppe. Lavinia schrie. Tamora, die aus dem nahen Dickicht das Stöhnen Lavinias hörte, oh, ihr wilden Söhne, stürzte sich in den Schwarzen, Herr meiner Sinne. Stundenlang gab es keine Zeit mehr für sie. Dann, als sie im Moos lag und das Waldtal betrachtete – noch immer schrie Lavinia –, sagte sie, und was ist dies für eine Grube, Geliebter? Der Schwarze erhob sich lächelnd, rollte Bassianus hinein und zog Tamora in die Büsche. Sie sahen beide – noch immer noch schrecklicher schrie Lavinia –, daß zwei Söhne von Titus Andronicus daherkamen, mit jungfräulichen Jagdwaffen, in die Grube spähten und, als sie Bassianus darin erkannten, in ohnmächtigem Entsetzen hineinstürzten. Sofort eilte der Schwarze zu Saturninus, der, zusammen mit dem glücksglühenden Titus Andronicus, einem Hirschen nachjagte. Herr, rief er. Verrat! Mord! Saturninus, mit dem Geweih des Hirschs in der Hand, eilte zur Grube, an deren Rand die Kaiserin stand. Sie deutete hinein. Euer Bruder, Herr, sagte sie. Die Mörder haben sich in ihrer eigenen Falle gefangen. Saturninus sah in die Grube und sagte, ich werde sie abschlachten lassen mit einer Grausamkeit, wie sie noch nie jemand gesehen hat, nach einem gerechten Prozeß, im Circus vor hunderttausend Zuschauern. Titus Andronicus – es war *sein* Jagdfest in *seinem* Wald – fiel in die Knie. Herr, rief er, es sind meine Söhne. Saturninus sah ihn an. Er ließ es zu, daß er seine Füße küßte, dann gab er dem schwarzen Rittmeister seiner Frau mit einem Kopfnicken ein Zeichen, den alten Mann wegzuführen. Da taumelte Lavinia blutspeiend aus dem Unterholz, ihrem Vater entgegen, der aufschrie, wer war es? Sag es mir! Schreib es mir! Aber Lavinia blieb stumm und ohne Zeichen. Tamoras Söhne hatten ihr die Zunge herausgeschnitten und die Hände abgehackt. Saturninus gab den Befehl, aufzubrechen, sofort, heim, die Jagd sei abgebrochen.

Stumm saß Titus Andronicus dann in seinem Haus, umgeben von stummen Söhnen und von Lavinia. Im Circus fand der Prozeß statt, ein vieltägiges Tribunal, bei dem Rechtsgelehrte Gutachten abgaben, um zu entscheiden, welche Todesart die juristischste sei. Vierteilen, Vergiften, Verbrennen. Zerfetzen, Zerfleischen, Zertrampeln. Abhäuten. Aufhängen. Am elften Tag erschien der Schwarze bei Titus Andronicus und sagte, höre, Held, der Kaiser läßt dir sagen, wenn einer von deiner Sippe ihm seine Hand schickt, schickt er dir deine Söhne. Alle Söhne stritten sich mit ihrem Vater, wem die Gunst zufalle, und während sie alle ein Messer suchten, ein Beil, eine Hacke, einen Spaten, nahm Titus Andronicus das Schwert des schwarzen Boten und schlug sich die linke Hand ab. Der Schwarze nahm sie und ging. Nur Minuten später kam ein anderer Bote. In jeder Hand hielt er einen Kopf eines Sohns. Er richtete die Grüße des Kaisers aus und gab, bevor er ging, Titus Andronicus die Hand, einen blutigen Stummel. Schweigend saßen dann wieder alle da, der Vater und die Söhne, bis einer, der jüngste, aufstand und sagte, ich gehe zu den Goten, ich werde uns rächen, auf Wiedersehen, oh Vater, lebt wohl, ihr Brüder. Er ging. Niemand hielt ihn zurück. Niemand machte ihm Mut. Stundenlang sahen alle vor sich hin, und als dann ein Sohn eine Fliege erschlug, brüllte der Vater, er könne nicht mit einem Mörder unter einem Dach leben, und als der Sohn antwortete, Herr, Vater, die Fliege sah aus wie der Schwarze, trampelte der Vater auf der Fliege herum, bis im Lehmboden des Hauses ein tiefes Loch war. Niemand, weder der Vater noch die Söhne, hatte beachtet, daß, die ganze Nacht über, Lavinia unaufhörlich mit den Füßen die Namen der Söhne Tamoras in den harten Lehm geritzt hatte. Als Titus Andronicus sie im Schein der Morgensonne las, wußte er sofort, was die Botschaft bedeutete.

Im Kaiserpalast indessen hatten die Fackeln ebenfalls die

ganze Nacht über gebrannt, denn die Kaiserin sollte mit einem Kind niederkommen. Saturninus ging voller Stolz und Angst im Zimmer auf und ab. Als die Stunde gekommen war, im ersten Licht der Morgensonne, schickte Tamora ihren Gatten hinaus. Geh, flüsterte sie und lächelte bleich, ich will den künftigen Herrscher allein gebären, geh. Saturninus nickte ihr und der Hebamme zu und ging. Stumm saß er an einem Fenster und sah in den Morgenhimmel hinaus, an dem Kometen verglühten.

In einem andern Raum des Palasts warteten der Schwarze und die Söhne, und als die Tür aufging und die Hebamme mit einem kaffeehäutigen Kind eintrat und sagte, da ist es, da begriffen die Söhne erst, daß ihre Mutter und der Schwarze. Sie sahen ihn entsetzt an. Die Hebamme flüsterte, Tamora schickt dir dein Kind, Schwarzer, bring es um. Keine Spur darf an des Kaisers Auge und Ohr dringen, sonst ist sie verloren, du, die Söhne, ich. Der Schwarze aber sah unverwandt auf das Kind, das er gezeugt hatte, sein Kind. Nein, sagte er, ich habe es mit Lust gewollt, es ist *mein* Kind, es ist ich, es wird leben. Niemand hat es gesehen. Doch, sagte die Hebamme, und während sie es sagte, begriff sie. Sie wehrte sich nicht, als der Schwarze sie tötete. Dann sagte dieser zu den Söhnen, so, und nun nehmt ein weißes Kind irgendwo, tötet die Eltern, gebt es der Kaiserin, und das Reich hat eine Zukunft, der Kaiser eine Frucht seiner Lenden, und ihr seid gerettet. Die Söhne starrten ihn mit offenen Mündern an. Sie hatten nicht geahnt, daß ihre

Mutter seine Sklavin war und daß sie seine Sklaven werden könnten.

Titus Andronicus eilte indessen – die Sonne stand hoch im Zenit – wie wahnsinnig über die Felder, gefolgt von seinen Söhnen. Er reckte die Arme gen Himmel und sprach mit Göttern und Gestirnen über Macht und Gerechtigkeit und schoß mit einem Bogen Pfeile, an denen Botschaften hingen, nach den Planeten. Er richtete seine Ohren ins All und horchte auf eine Antwort. Einmal kam auch eine, ein Bauer, und Titus Andronicus schickte ihn als Boten einer überirdischen Gerechtigkeit mit einem Brief zu Saturninus. Der Bauer fand diesen im selben Feld stehend, mit den von den Planeten zurückgefallenen Botschaften in der Hand, er übergab seinen Brief, der Kaiser hängte ihn an einem Baum auf, und das letzte, was der Bauer sah, war, daß ein schweißnasser Bote dahergeritten kam und auf Saturninus zustürzte, und auch das begriff der Bauer nicht, der Überbringer einer überirdischen Gerechtigkeit, seine Augen drehten sich nach innen, und die Atemluft kam nicht mehr durch seinen Hals. Niemand beachtete seinen Todeskampf. Tamora hielt sich an seinen zuckenden Beinen fest, ihr schwindelte, weil der Bote sagte, Herr, zehntausend Goten stehen vor Rom, in Rom, angeführt vom Sohn von Titus Andronicus. Saturninus stammelte, das ist das Ende. Er klammerte sich an Tamora fest, die am Bauern hing, ein taumelndes Trio. Laß mich machen, murmelte Tamora endlich und richtete sich auf. Schwarzer. Daher.

Aber der Schwarze war den Goten in die Hände gefallen, als er sein Kind in Sicherheit bringen wollte. Er wußte sofort, das war der Tod, sein Ende würde schrecklich sein, entsetzlich, seiner würdig, ein unglaubliches Ende. Um das Leben seines Kinds zu retten, erzählte er atemlos alles: seine Lügen, seine Morde, sein Vergewaltigen, sein Betrügen, sein Verleumden, seinen Verrat, sein Hetzen, seine Komplotte, seine Gier, seinen Blutrausch. Ich habe eure Königin, rief er, hundertmal, tausendmal, meine Stöße waren stärker als die des Kaisers, es ist *mein* Kind, seht, seht. Die Goten umringten ihn stumm. Als er für eine Sekunde den Mund schloß, zerschlugen sie den Schädel des Kinds. Für ihn fiel ihnen kein Tod ein. Sein Tod mußte langsam werden, ein Verrecken.

Tamora ging zu dieser Zeit – Saturninus lag im Bett und hatte sich die Ohren vor den Drohrufen der Goten verstopft – mit ihren Söhnen zu Titus Andronicus. Alle drei hatten sich verkleidet, aber Titus Andronicus erkannte sie sofort. Du bist Tamora, rief er, die kaiserliche Hure. Dies sind deine Söhne, die Mörder der Unschuld. Tamora lächelte. Du redest irre, sagte sie, nie bin ich Tamora, nein, Freund, ich komme von den Gestirnen, denen du deine Botschaften geschickt hast, ich bin die Rache. Dies sind meine Söhne, das ist wahr, sie heißen Mord und Raub. Ich bin gekommen, für dich alles auszuführen, was du dir ausdenken magst an Schrecklichem, darum meine Ähnlichkeit mit der herrscherlichen Metze. Ja? Titus Andronicus nickte. Ich hätte geschworen, sagte er, du bist die Kaiserin und das da sind deine Söhne. Aber natürlich hast du recht, du bist die Rache und sie sind Mord und Raub, und gemeinsam werden wir die Kaiserin und ihre Söhne dem Eis des Alls und der Glut der Sonne aussetzen. Tamora lachte. Gut, gut, rief sie, das ist die Sprache, die wir sprechen auf unsern höllischen Gestirnen. Ich mache dir einen Vorschlag. Ich hole alle her, wenn du, das ist meine Bedingung, den Anführer der Goten einlädst, deinen Sohn. Gemeinsam wollen wir ein Festessen halten. Jajaja, rief Titus Andronicus und hüpfte im Saal herum, Rache, du bist süß. Sohn, geh, hol meinen Sohn. Jetzt war Tamora überzeugt, daß ihr Feind wirklich verrückt war, und so ließ sie auch bedenkenlos ihre beiden Söhne bei ihm zurück, die Schänder Lavinias. Kaum war sie gegangen, stürzten sich Titus Andronicus und alle seine Söhne auf die beiden Goten und erschlugen sie. Titus Andronicus, der nun sehr zielstrebig und ruhig war, band sich eine Schürze um und setzte sich eine Kochmütze auf, und in diesem Aufzug fanden ihn der Feldherr der Goten und Saturninus und Tamora, die gleichzeitig zum Festessen eintrafen. Alle setzten sich um einen Tisch. Niemand sprach ein Wort. Alle sahen sich an. Niemand beobachtete nicht die Hände von jedem. Nur Titus Andronicus ging zwischen allen hin und her, vor sich hinsummend, und verteilte Fleischstücke auf die Teller. Alle aßen. Wieso hast du eine Kochmütze auf, sagte schließlich Saturninus, wieso ißt du nicht mit uns? Titus Andronicus lächelte. Herr, sagte er. Eine gute

Frage. Wieso ertrinken die Sterne nicht in der Milchstraße? Warum geben die Monde keine Antwort? Weshalb stürzen die Meteore sich in den Tod? Was ist die Botschaft der Kometen? Weshalb bluten die untergehenden Sonnen? Die Gäste sahen sich an, während Titus Andronicus dem Kaiser Wein nachgoß. Wenn Ihr mir noch eine Frage erlaubt, sagte er dann, Kaiser: hatte, in Eurem Lieblingsbuch, dem herrlichen Livius, jener Greis recht oder unrecht, der seine Tochter erschlug, weil ein Unwürdiger ihr die Unschuld geraubt hatte? Nun, sagte Saturninus und schluckte seinen Bissen herunter, er hatte natürlich recht. Titus Andronicus nickte und wandte sich um und erschlug seine Tochter. Alle Gäste fuhren von ihren Hockern hoch, und es dauerte eine Weile, bis sie weiteraßen. Um die lähmende Stille zu unterbrechen – Titus Andronicus ging jetzt wie ein Tiger um den Tisch herum, mit einem Messer in der Hand –, fragte Tamora, übrigens, edler Gastgeber, wo sind eigentlich meine beiden Söhne? Titus Andronicus blieb hinter ihr stehen und sagte, wieder eine gute Frage, sie sind schon da, du ißt sie gerade. Dann schnitt er ihr die Kehle durch. Alle Gäste sprangen auf. Saturninus packte sein Schwert und spaltete Titus Andronicus den Schädel. Der Gotenfeldherr erschlug Saturninus. Jeder erstach seinen Tischnachbarn. Stille breitete sich über Rom aus. Mitten auf dem Forum war der mörderische Schwarze bis zum Hals eingegraben, nur sein Kopf ragte aus dem Erdreich, er hörte den Tod seiner Freunde und Feinde, er sah, wie hinter den Fenstern eine Fackel nach der andern ausbrannte, ungezählte Tage und Nächte stak er im Boden und blickte in die glühende Sonne und den kalten Himmel, bis der Hunger ihm den Blick trübte und er am Durst verreckte.

NAVARRA

LIEBES LEID UND LUST

Auf dieser Erde gab es von jeher – wenn wir von den ersten paar Jahren absehen – verwilderte Wälder und Gärten, deren Bäume zu Kuben zurechtgestutzt waren, das Trällern von Eseltreibern und die Koloraturen von Sopranen, die kuhwarme Milch im Becher und den Champagner im Glas, die nackten Menschen und die in Gewänder gehüllten, das Wildschwein und das zahme, das Herzbeben des Bauern, der auf der Leiter im Fenster seiner zukünftigen Freundin steht, und den unsichtbaren zustimmenden Augenschlag der Dame, die eben ein *billet doux* gelesen hat, Löwen und Katzen. Seit immer versuchen die tierigen Menschen – welcher kluge Sperling, welcher weise Elefant täte das? –, sich über ihre Tierigkeit zu erheben und Ordnung in das Chaos ihrer Köpfe und Herzen zu bringen. Immer mehr füllt sich die Welt mit rechten Winkeln, geraden Geraden und korrekter Ortografie an. Es ist dabei, als wollten wir die Luft des Weltalls mit einem Teelöffel abschöpfen. Wir schätzen die Arbeit, weil wir uns selber nicht gewachsen sind. Wir verehren den Staat, weil er unser Durcheinander in Regeln bindet. Wir mögen die Kultur, weil sie unsre Natur beruhigt. Darum hassen wir Kultur, Staat und Arbeit. Darum hassen wir uns. Wir lieben das wildwachsende Gras und reißen es aus. Wir lieben das wildlebende Pferd und fangen es. Wir lieben den nackten Menschen und hüllen ihn in Gewänder. Wir lieben die Freiheit und nehmen sie uns weg. Wir lieben Gedanken, die kraus aus den Menschen kommen, und schlagen auf jeden ein, der nicht sagt, was wir schon wissen. Wir leben in symmetrischen Gärten, in denen Springbrunnen springen, oder in quadratischen Zellen, und denken an

Urwälder, in denen jedes Grün dahin wächst, wo es hin will.

Aus einem wohlgeordneten Garten kommend, ritten vor langen Jahren, in einem heißen Sommer, eine Prinzessin, eine Tochter des Königs von Frankreich, und Rosaline, Maria und Katherine, ihre Freundinnen, durch eine südliche Landschaft, in der Olivenbäume regellos herumstanden. Hinter ihnen und, wenn ein Gebüsch nicht sicher schien oder die Damen vor einer Kuhherde Angst hatten, vor ihnen ritt ein würdiger Greis. Fliegen surrten um ihre Köpfe. Die Sonne brannte. Grillen zirpten laut und schrill. Die Damen schwitzten, sie fächelten sich mit ihren Fächern Luft ins Gesicht, und manchmal hoben sie ihr Brusttuch an und bliesen sich kühle Luft über die Busen. Ihre Schenkel waren wundgeripst. Bauern standen in Weinbergen, aber sie wandten den Kopf kaum, weil sie in dem kleinen Zug keine königliche Hoheit vermuteten. Ihre Esel sahen den verschwitzten Pferden nach, bis sie, mit ihren Reiterinnen und dem Reiter, am Horizont verschwunden waren, an dem man jetzt schon die Berge Navarras in der Abendsonne glühen sah.

Wir werden es nicht leicht haben, sagte die Prinzessin, während sie einen Schluck aus dem Weinschlauch nahm. Vor ihnen stieg der Weg nun steil an. Er führte in die Pyrenäenfelsen hinein. Irgendwo da oben mußte das Schloß des Königs von Navarra sein. Wieso sollte dieser junge Spund den Schuldschein zerreißen, nur weil ich dahergeritten komme mit meinen blauen Augen? Wieso sollte er Aquitanien als Ersatz für das viele Geld nehmen? Ich liebe Aquitanien wie nichts sonst auf der Welt, aber für ihn sind in Aquitanien nur dürre Olivenbäume, dürre Esel und dürre Bauern.

Sehr wahr, sagte der Greis, seufzte und strich sich mit der Hand über die Stirn. Wie soll ich mich nur ausdrücken? Er schaute die Prinzessin an.

Drück dich aus, sagte die Prinzessin. Obwohl ich eine Prinzessin bin, weiß ich, daß Pferde furzen.

Sie sind jung, Prinzessin, hübsch und nett, sagte der Greis. Ihre Damen sind jung, hübsch und nett. Kein Papst könnte Ihrem Zauber widerstehen. Nun ist der König von Navarra kein Papst, im Gegenteil. Er ist achtzehn Jahre alt. Ich habe Ihnen keine Ratschläge zu geben, mein Kind, aber als ich so alt war wie der König jetzt, blickte ich gern auf einen schneeweißen Busen, einen rosa Hintern und ein heißes Gesicht, obwohl ich damals kein König war, nicht einmal ein Page.

Die Prinzessin sagte nichts. Sie lächelte. Ihre Damen kicherten. Alle sahen über die wirklich wunderschöne Landschaft von Navarra hin, über Reben, Olivenbäume, Esel, Quellen, die alle im glutroten Licht der untergehenden Sonne gebadet waren. Los, sagte die Prinzessin. Morgen früh müssen wir dem König mit unsrer Tür ins Haus fallen, und es kann nichts schaden, wenn wir vorher noch in diesem Flußlauf hier baden. Achselschweiß hat schon manchen Händel unterbunden, bevor er auch nur angefangen hatte. Sie gaben ihren Pferden die Sporen. In einem sanften Trab ritten sie auf einen Hain zu, dessen Buschwerk vor den Blicken der Bauern so viel Schutz bot, daß die Damen ungestört in das helle glitzernde Wasser tauchen konnten. Ihre Busen waren schneeweiß, ihre Hintern rosa und ihre Gesichter heiß. Die Anwesenheit des Greises störte sie nicht. Sie waren alle einmal in seinen Armen gewiegt worden.

Zur gleichen Zeit ging der junge König von Navarra in seinem Studierzimmer auf und ab. Auf Papierbündeln und Manuskriptstößen saßen seine drei Freunde Biron, Longaville und Dumain. Die Abendsonne schien ihnen durch ein kleines Fenster mit Butzenscheiben aufs Gesicht, aber sie sahen nicht auf die zauberhafte Landschaft hinunter, die vor dem Fenster lag. Sie sahen auf den König. Er war ernst wie noch nie, obwohl er immer schon zum Ernstsein neigte. Mit großen Schritten ging er auf und ab, er rieb mit seinen Fingern, an denen Tintenkleckse waren, an seiner Nase und atmete heftig. Ihr habt es versprochen, sagte er laut. Ihr habt es versprochen. Und überhaupt, jetzt ist es zu spät. Ich habe heute morgen das neue Gesetz verkündet. Drei Jahre lang wollen wir nur studieren und Petrarca lesen und Aristoteles und Ovid und uns über das gleichschenklige Dreieck Gedanken machen. In dieser Zeit soll keiner von uns eine Frau auch nur ansehen, und es wird kaum Wein geben und sehr wenig gesungen werden. Wir werden eine Akademie des edlen Wissens errichten, und nach drei

Jahren werden wir gescheit sein, daß die Fetzen nur so fliegen. Klar?

Aber –, sagte Longaville.

Wie soll das denn –, sagte Dumain.

Wir sind doch erst grad achtzehn, sagte Biron.

Ihr habt es versprochen, schrie der König und schlug seine Faust auf das Schreibpult. Er öffnete aufs Geratewohl einen verstaubten Band und las aufs Geratewohl: Gallia est omnis divisa in partes tres – ist das nicht faszinierend? Er schaute seine drei Freunde an. Diese nickten zögernd. Na also, sagte der König, tunkte den Gänsekiel in die Tinte und gab ihn Longaville. Dieser unterschrieb das Dokument. Nach ihm unterschrieben Dumain, dann Biron. Der König unterschrieb als letzter. Er lachte.

Was geschieht, wenn sich jemand in unserm Staatswesen nicht an dein Dekret hält? sagte Longaville leise.

Er soll so viel öffentliche Schmach erdulden, wie der Hof sie nur ersinnen kann, sagte der König. Und der schuldigen Frau schneiden wir die Zunge aus dem Mund.

Die drei Freunde seufzten, während sie zusahen, wie der König ein neues Buch öffnete und ihnen, vor dem Abendessen, noch eine Passage aus Galileis Gedanken über die Erdrotation vorzulesen begann.

Ein Page betrat den Raum. Herr König, sagte er, vor dem Stadttor steht eine Prinzessin aus Frankreich mit drei Damen und einem Greis. Sie will die Millionenschuld ihres Vaters zurückbezahlen, beziehungsweise sie hat das Geld nicht bei sich, und was soll ich tun?

Der König sah den Pagen unbewegt an. Eine Röte flog über sein Gesicht. Geh er, sagte er dann laut. Sag er der königlichen Dame, die Olivenbäume Navarras seien ihr Reich und die Quellen ihre Labung. Wir werden uns etwas einfallen lassen. Der Page deutete eine Verbeugung an und ging die Treppen des Schlosses hinunter, nicht sehr schnell, denn er wußte nicht, wie er die seltsame Nachricht den süßen Damen beibringen sollte, die da neben ihren Pferden im Staub vor dem Stadttor hockten.

Scheiße, Scheiße, Scheiße, schrie der König. Muß das grad jetzt sein, grad jetzt, wo wir unser intellektuelles Fasten noch kaum begonnen haben?

Das kannst du doch nicht machen, sagte Longaville, eine Prinzessin draußen vorm Stadttor warten lassen. Seine beiden Freunde nickten.

Was nicht? rief der König.

Da ging die Tür auf, und Don Adriano de Armado kam herein. Er war wie immer gekleidet, das heißt, er trug eine spanische Stutzeruniform, Federn wie ein Indianer, seidene Handschuhe und verschiedenfarbige Schuhe. Er bewegte sich geschmeidig wie eine Eidechse. Seine gepflegte Sprache verriet den gebildeten Spanier, der zwanzig Semester an der Universität von Salamanca verbracht hatte.

Herr, rief er und machte eine Reverenz, ich bin kein Verpetzer, aber da unten im Gras in den Rosen liegt ein Mann.

Und? sagte der König.

Auf einer Frau, rief Don Adriano de Armado.

Ohh, sagten der König, Longaville, Dumain und Biron. Alle rannten ans Fenster. Sie starrten in den Garten hinunter, ins Rosenbeet. Sie sahen den Glanz der Liebe im Gesicht Jacquenettas, des Milchmädchens, und wenn auch das Gesicht des Manns in dieser Stellung nicht zu sehen war, so wußten sie doch, daß es Schädel war, der Ziegenhirt. Mit offenen Mündern standen die fünf Höflinge da.

Ich überantworte diesen Sünder euch, sagte der König schließlich zu Don Adriano, ging zur Tür, schlug sie zu, rannte die Treppe hinunter, zum Stadttor, denn er konnte die Damen nicht warten lassen. Das ging nicht. Sie brachten Geld. Longaville, Dumain und Biron rannten hinter ihm drein. Im Laufen zogen sie ihre Staatswämser über.

Don Adriano de Armado stand starr am Fenster des königlichen Studierzimmers und sah auf das glückliche Gesicht der jungen Frau. Er hörte, wie sie Schädels Namen murmelte, immer wieder, immer schneller. Nie hatte er etwas Schöneres gesehen. Endlich raffte er sich auf, um seiner Pflicht nachzukommen.

Vor dem Stadttor saßen inzwischen der König und seine Freunde neben der Prinzessin und ihren Damen im heißen Staub. Der Greis saß abseits auf einem Stein. Der König versuchte zu erklären, warum sie die Stadt nicht betreten könnten und daß schon dieses Treffen alle guten Vorsätze über den Haufen werfe. Weil sie verlegen waren und sehr jung, kleideten sie alles in die Form überheblicher Witze. Die Prinzessin dachte, so eine Bande Arschlöcher habe ich meiner Lebtag noch nie gesehen. Aber irgendwie muß ich ihnen plausibel machen, daß mein Vater, der König von Frankreich, das Geld, das ihm der Vater dieses Oberidioten hier geliehen hat, nie und nimmer zurückbezahlen kann und will, und daß er auch Aquitanien nur sehr ungern als Pfand hergäbe, denn Aquitanien ist schön und voller Olivenbäume und Esel. Die Damen der Prinzessin, alle drei blutjunge Frauen mit Rosenwangen und Kenntnissen im Lautespielen, machten den Studenten schöne Augen. Sie fanden ihre Witze blöd, aber da keine andern jungen Männer zu sehen waren, hofften sie, wenigstens von diesen hier zu einem Traubensaft eingeladen zu werden.

Nun waren alle verliebt, die es nicht sein sollten: der König in die Prinzessin, Longaville in Maria, Dumain in Katherine, Biron in Rosaline. Don Adriano de Armado kannte sich selber nicht mehr, so glühte er beim Gedanken an Jacquenetta. Jeder saß an seinem Schreibtisch und füllte, im Schutz von Ovidausgaben und Pergamentbibeln, ganze Papierbögen mit schwungvollen Liebesversen. Gefühle einer dumpfen Schuld zwickten sie, aber ihre Verse wurden dadurch nur noch heißer. Die rasendste Liebe ist die verbotene, dachte der König, auch wenn ich selber sie mir verboten habe. Er dachte sich einen letzten Reim aus, setzte statt eines I-Punkts ein Herz und unterschrieb: Ferdinand, König von Navarra. Er betrachtete die ersten Verse seines Lebens. Er sah, wie seine Freunde an den andern Tischen der Bibliothek ruhig und besonnen in Folianten lasen. Biron machte sich so heftige Notizen, daß er einen ganz roten Kopf hatte. Longaville biß vor Arbeitseifer in seinen Gänsekiel. Dumain wetzte mit dem Hintern auf dem Stuhl hin und her, so sehr nahm ihn sein Buch über das algebraische Rechensystem gefangen. Brave Burschen, dachte der König. O Amor, wer mit deinen Schwingen fliegt, spürt keine Schuld. Sinnend trat der König ans Fenster.

Unten im Garten sah er Don Adriano de Armado mit seinem Gefangenen, dem Ziegenhirten. Sie redeten miteinander, aber der König verstand natürlich nicht, daß Don Adriano den Ziegenhirten beauftragte, Verse, die er selbst gedichtet hatte, Jacquenetta, dem Milchmädchen, zu bringen. Er kam nicht auf den Gedanken, daß der Ziegenhirt vielleicht nicht der geeignetste Bote sein könnte. So hatte der König auch nicht gesehen, daß Biron, mit seinen glühenden Versen, inzwischen in den Garten geeilt war, den vorüberhastenden Ziegenhirten aufgehalten und ihn beauftragt hatte, seine Verse dem Fräulein Rosaline zu überbringen, das da draußen im Staube lagere und das Schönste sei, was Gott der Herr je erschaffen habe. Natürlich verwechselte der Ziegenhirt die Briefe.

Inzwischen waren die vier Damen auf die Jagd gegangen: einen Förster, Gewehre und Munition hatte der König ihnen immerhin zur Verfügung gestellt. Während sie auf ihrem Anstand saßen und auf Hirsche und Rehböcke warteten, machten sie Witze über Don Adrianos Jamben und Trochäen. *Mein* Wild trägt sein Horn nicht auf dem Kopf, sondern zwischen den Beinen, sagte Rosaline. Alle lachten. Aber insgeheim war Rosaline doch ein bißchen traurig, daß auf dem Briefumschlag der Name einer andern Frau stand, nicht ihrer.

In dem Wald waren aber nicht nur die vier Damen, sondern auch die vier Studenten. Jeder ging, in seine Gedanken versunken, so für sich hin. Biron stand auf einer Lichtung und rief glühende Oden in das Blättergrün. Da hörte er das Knacken eines zertretenen Zweigs. Mit donnerndem Herzen sprang er in ein Gebüsch, und schon stand der König himself auf der Lichtung. Wie ein brünstiger Hirsch schrie er seine Verse in den Wald. Aber das Rascheln eines fernen Laubs ließ auch ihn in ein Gebüsch springen, in ein anderes. Longaville trat auf, verschwitzt, mit zerrauften Haaren. O Maria, rief er, und so weiter. Seine Verse schwollen an wie ein Bergbach im Frühling. Erst ein fernes Trampeln von Nagelschuhen ließ ihn hinter einen Busch springen. Dumain, mit einem vollgeschriebenen Papier, betrat die Lichtung. O Käthchen, göttlich Käthchen, rief er, herrliches Mädchen! Er notierte den Reim. Ach, muß ich denn schuldig werden? Bin ich denn nur ein eitel Schilfrohr im Schneesturm?

Allerdings! rief Longaville und trat aus seinem Gebüsch. Ich habe dich belauscht, Elender.

O Gott! rief Dumain und sank in die Knie. Ich bin verloren.

Ha! rief der König und trat seinerseits aus dem Gebüsch hervor. Ihr Malefizlinge. Ihr verliebten Esel.

Die beiden Wortbrüchigen starrten ihn an. Langsam sank auch Longaville in die Knie. Vergib uns, murmelten sie.

Was, sagte Biron, während er gelassen aus seinem Gebüsch trat, war denn das, was ich da eben gehört habe, Herr König?

Der König wurde bleich und spürte, wie seine Beine nachgaben. Es ist stärker als ich, murmelte er. Versuch wenigstens, uns zu verstehen.

Biron lachte und ging, wie ein Korporal bei der Haarschnittinspektion, um die drei Knienden herum. Da kamen Jacquenetta und der Ziegenhirt mit Birons Brief in der Hand dahergerannt. Sie verstanden kein Wort von alldem und wollten es erklärt haben. Da gab auch Biron zu, daß das Versprechen der Keuschheit nur so lange zu halten ist, als keine Frau es in Frage stellt.

Was nun? murmelten alle vier schließlich.

Schicken wir den Damen unsre Verse, antworteten sie sich. Das ist ein Anfang, wenn auch ein fragwürdiger. Der König sagte nicht, daß er seinen Versen einen mit Diamanten besetzten Goldreif beilegen wollte.

Dann sah man die vier Damen, die es sich inzwischen vor den Stadtmauern einigermaßen eingerichtet hatten, wie sie sich die Verse ihrer Verehrer vorlasen. Sie hielten sich die Bäuche vor Lachen. Sie klatschten sich auf die Schenkel. Sie wieherten. Sie dachten, welch eine Wonne, das Feuer der Leidenschaft zu entzünden. Da kam der Greis aus den Gebüschen, mit einem Topf voll Heidelbeeren. Mes Demoiselles, rief er, die vier verliebten

Herren werden gleich da sein. Sie sind verkleidet, auf daß ihr sie nicht so leicht erkennet, und sie euch um so leichter. Die Damen schauten sich verdutzt an. Was nun? sagten sie.

Verkleidet euch auch, ihr Hühner, sagte der Greis.

Die Damen huschten in die Zelte, und man hörte ihr Kichern, während sie die Kleider tauschten, Gesichtsmasken aus Ahornblättern herstellten und Schminke auf

Wangen und Stirne taten. Jede sah wie eine andre aus, als die vier vermummten Liebhaber in das Zeltlager traten. Sie schmunzelten, als der König den Fuß Rosalines küßte und wirre Verse sprach. Sie lachten, als Biron den Staub vom Saum des Kleids der Prinzessin leckte und eine selbstgemachte Ode von sich gab. Sie wieherten, als Dumain am kleinen Finger Marias knabberte und von Herz und Schmerz sprach. Sie brüllten, als Longaville seinen Kopf in den Schoß Katherines wühlte und ein Couplet von Liebe und Tod sang. Dumpf drang seine Stimme durch die Rocktücher. Den vier Männern standen die Tränen in den Augen. Kein Witz mehr wollte über ihre Lippen. Wortlos, mit tödlich getroffenen Herzen, zogen sie ab. Die Damen grinsten hinter ihnen her. Sie spürten, wie eine tiefe Trauer ihre Herzen überschwemmte und ihr Lachen in ihr ertrank.

Minuten später waren die vier wieder da, unverkleidet. Sie hatten sich die Tränen aus den Augen gewischt. Sie kamen auf die vier Frauen zugeschritten. Auch diese sahen wieder wie immer aus. Sie versuchten noch einmal, es lustig zu finden, daß der Falsche der Falschen ewige Treue geschworen hatte. Aber ihre Stimmen waren klein und scheu geworden. Sie sahen ihren Geliebten in die Augen. Ihre Blicke verloren sich ineinander. Der König sah die Prinzessin an, Biron Rosaline, Longaville Maria und Dumain Katherine. Keiner und keine konnte den Blick vom andern lösen. Ihre Augen verschwammen ineinander. Der Greis, der zusah, spürte, wie sein Herz klopfte. Wie solls nun weitergehen? sagte nach einer unendlich langen Zeit der König. Er war ein junger Bub. Er sah die Prinzessin an.

Machen wir es so, sagte diese und streichelte seine Wange. Ich gehe jetzt heim zu meinem Vater, dem König von Frankreich, und sage ihm, alles sei in Ordnung. Nach einem Jahr komme ich wieder, und wenn dann dein Herz brennt wie jetzt meines, will ich in deine Stadt hinaufsteigen, in dein Haus, in dein Zimmer, in dein Bett. Wir werden uns lieben und ein Leben lang zusammenbleiben.

Ja, hauchte der König.

Das gilt auch für meine Damen, sagte die Prinzessin und sah Biron, Longaville und Dumain an.

Ja, hauchten diese.

Die drei Damen sahen zu Boden. Gerne hätten sie schon jetzt einen kleinen Vorschuß genommen. Sie lächelten ihre Geliebten an. Artig verabschiedeten sich alle von allen. Die vier Jünglinge standen in der untergehenden Sonne und sahen den davonreitenden Frauen nach. Sie winkten. Ihre Geliebten wurden immer kleiner. Sie verschwanden zwischen den Felsen Aquitaniens. Seufzend gingen die vier Jünglinge im letzten Abendlicht durch den Schloßgarten nach Hause. Ein Geräusch ließ sie innehalten. Vorsichtig streckten sie die Köpfe durch ein Gebüsch, und tatsächlich sahen sie Don Adriano de Armado, nun ohne seine Stutzeruniform, auf Jacquenetta, dem Milchmädchen, liegen. Dieses preßte sein heißes Gesicht an Don Adrianos Wange und murmelte seinen Namen, immer schneller. Sinnend sahen die vier Herren zu. Der König nahm den Schuldschein des Königs von Frankreich aus der Tasche, zerriß ihn in tausend Schnipsel und streute sie über Don Adrianos und Jacquenettas Kleider.

ENGLAND

KÖNIG RICHARD II.

Es gab eine Zeit, da stand man, je mächtiger man war, desto näher seinem Grab. Barone und Herzöge starben, ohne ihre Bärte jemals gesehen zu haben. König zu werden war ein Todesurteil. Zwar war auch das Leben eines Bauern kein Flug auf Frühlingswinden. Auch er starb schnelle Tode. Einmal zur Unzeit aus der Hütte getreten, und er hing an einer Eiche oder hatte einen Pfahl im Leib. Oder er marschierte inmitten fremder Männer nach Frankreich, das zu erobern er eine Abscheu hatte. Aber ein König! Er ließ jedes Essen vorkosten. Er ließ die, die hinter seinem Rücken tuschelten, umbringen. Er stand immer mit dem Rücken gegen die Palastwand. Er traute seinen Söhnen nicht und beobachtete seine Frau und seine Geliebte. Trotzdem kletterten Herzöge und Prinzen den steilen Berg hinauf, auf dem hoch oben der Thron stand. Sie traten nach ihren Rivalen und sahen zu, erhitzt und triumphierend, wie diese den Berg hinunterstürzten und in einem Bachbett zerschellten. Dann krochen sie weiter, aufwärts, und irgendwann gelang es einem der Prätendenten wirklich, ein Bein des Throns zu fassen, auf dem der König saß und nach allen Seiten lugte, ihn mit einem plötzlichen Ruck zu kippen, so daß der König in den Abgrund stürzte, schreiend jetzt, an seinem Zepter Halt suchend, bis er tief unten in der Schlucht aufschlug. Dann stand der Prinz, nun der neue König, auf dem Berg im Sonnenlicht, aufatmend und glücklich. Mit einer weiten Armbewegung umfaßte er das Land unter sich. Alles, was er sah, war nun sein: die Hügel dort im Morgensonnenschein, die Täler, aus denen der Nebel aufstieg, die blinkenden Städte, die grünen rauchenden Wiesen und das Meer mit seinen Schiffen. Und die kleinen Menschen dort auch. Er konnte jedem

Hirten befehlen, ihm sein Schwein herzugeben, und jeder Frau, ihr Herz. So stand er im Wind, der junge König. Dann setzte er sich auf den Thron, von Würdenträgern umgeben, die ihm, wie seinen Vorgängern, ewige Loyalität schworen. Wenn er schwieg und lauschte, hörte er unter sich, in der steilen Felswand, Steine rollen. Er konnte sie nicht sehen, aber er wußte, da unten kämpften sie miteinander, seine Mörder.

Der hier zu beschreibende Ausschnitt aus der Geschichte Englands beginnt 1399 und endet 1533. In diesen Jahren starben neun Könige, und manche von ihnen stiegen auf den Thron, während ihre Särge schon gezimmert wurden. Adlige Jünglinge forderten die Sonne zum Zweikampf heraus und stürzten Sekunden später in den Schatten ihrer Pferde. Armeen brachten sich gegenseitig um. Dörfer wurden niedergebrannt. Schafherden donnerten in Panik durchs Land. Frauen, denen die Männer im Schlaf aus den Betten gerissen worden waren, wühlten ihre Lippen in die ihrer Todfeinde. Freunde schworen sich ewige Treue und standen sich tags darauf auf dem Schlachtfeld gegenüber. Richter streckten den nassen Finger in den Wind der Macht. Bischöfe logen die göttlichen Gebote zu königlichen um. Hurenböcke sagten die Wahrheit, und es nützte ihnen nichts. Ja, es gab wahre Spezialisten im Überleben von Schlächtereien, aber auch sie lagen plötzlich tot in einem Gasthausbett. Alle waren stark und heftig und wollten einen dicken Happen vom Glück ihrer Zeit. Sie aßen und soffen und fickten und töteten, weil sie wußten, daß sie nicht wußten, wie lange sie sich noch am Schicksalsrad festklammern konnten. Ein zufälliger Speichenschlag eines gedankenlosen Gottes, und sie wurden in den schwarzen Himmel hineingeschleudert und waren vergessen.

1399 regierte König Richard II. ein Land, in dem niedere Hütten standen, und dann und wann ein Schloß hinter stillen Hügeln. Es war, trotz Nebel und Regen, ein schönes Land. Aber die Wege verschlammten, ehrbare fahrende Händler wurden so oft von Wegelagerern beraubt, daß sie selber an Wegen zu lagern begannen, Handelsschiffe mit ihrem Safran aus dem geheimnisvollen Orient wurden von Seeräubern abgefangen, bevor sie die Küste sahen, in der Hauptstadt wagte sich nach Sonnenuntergang kein Mensch mehr vor die Tür, Gräfinnen trugen die Mieder vom letzten Jahr und Bäuerinnen die ihrer toten Großmütter, und König Richard II. füllte seine Kassen dadurch, daß er die Güter derer konfiszierte, die hinter seinem Rücken über seinen Tod oder übers Wetter gesprochen hatten.

An einem grauen Herbstabend saß Richard inmitten von stummen Höflingen auf seinem Thron. Zu seiner Rechten stand der Herzog von Lancaster, zu seiner Linken der Herzog von York. Alle drei – und die stummen Höflinge – sahen mit steinernen Gesichtern auf zwei junge Männer, die einander am Kragen hatten und beide gleichzeitig brüllten, der andere sei ein Hochverräter und habe den König ermorden wollen. Der eine junge Mann hieß

Heinrich und war der Sohn des Herzogs von Lancaster, der andere Mowbray. Sie schwitzten vor Erregung. Die Höflinge sahen betreten zu Boden. Sie hörten Gedanken, die ihnen geläufig waren.

Schließlich brachte Richard die beiden Ankläger mit einem Machtwort zum Schweigen. Nicht er, Gott sollte den Zwist entscheiden: Heinrich und Mowbray mußten mit Schwert und Schild gegeneinander antreten, und wessen Schwert den Schädel des andern spaltete, der hatte die Wahrheit gesprochen. Die beiden traten sich also in gleißenden Rüstungen entgegen – ringsum jetzt buntgekleidete Damen mit weißen Busenansätzen, junge Galane, die Witze erzählten, Eisverkäufer, Kinder und Hunde –, aber Richard brach den Kampf ab, ehe er begonnen hatte, und schickte beide Kämpfer in die Verbannung: Mowbray für ewig, Heinrich für sechs Jahre. Niemand konnte sagen, ob er diesen für unschuldiger hielt oder für blöder. Die Rivalen sattelten ihre Pferde und ritten, ohne sich umzusehen, in den Nebel hinaus.

Der alte Herzog von Lancaster überlebte die Trennung von seinem Sohn nicht lange. Das lebenslange stumme Träumen von der Macht hatte ihn zerfressen. Er legte sich zum Sterben nieder, und König Richard, sein Neffe, hinderte ihn nicht daran. Jetzt, als ihm die Luft ausging, sah der Herzog erst, *wie* dünn das Eis war, auf dem der König hochmütig herumstampfte. Er sagte es ihm. Dann starb er, und der König konfiszierte seine Güter.

Der Herzog von York stand indessen vor seinem Spiegel und sah sein dick gewordenes Gesicht an und fragte sich, wie lange noch er sich das alles mit ansehen konnte. Jeder Tag brachte einen neuen Mord. Jeder Tag brachte aber auch neue Argumente, das königliche Recht zu achten. Der Herzog von York seufzte. Er fühlte sich alt.

Auch König Richard hatte keine Ruhe. In Irland rebellierten die Iren. Richard befahl, die Waffen zu putzen und Schiffe bereitzustellen. Er wollte den Feldzug eigenhändig leiten. Er ernannte York zum Regenten für die Zeit seiner Abwesenheit, und dieser setzte sich schweigend an den Schreibtisch des Königs. Wenn das nur alles gut ging. An einem Morgen, an dem eine fahle Sonne vom Himmel schien, zog Richard hin zu einem Dampfkessel, der am Explodieren war, ohne zu sehen, daß er ein Pulverfaß zurückließ, an dem schon die Lunte glühte.

Denn kaum war er durch die Hügel Berkshires geritten, an den fernen Zinnen Oxfords vorbei, durch feuchte Weiden nach Gloucester, durch wilde Wälder in die Black Mountains hinein, vorbei an Schafherden, deren Hirten in den Nebel hineinrannten, über ewige Hochebenen ohne Bäume, schließlich in einem strömenden Regen zur Küste hinunter auf die Schiffe zu, die das nasse Heer aufnahmen, da saßen in einem Seitenflügel des Palasts von Windsor auch schon die begütertsten Adligen beisammen und sagten, zuerst mit zagen Andeutungen, dann laut und klar, daß ihr König ein Bankrotteur sei. Ein Lump. Ein Mörder, ein Dieb. Ein Hochstapler, ein Schwächling, ein Nichts. Was er anfasse – Schwert, Gold und Bibel –, zerfalle ihm zu Staub. Zudem wußten sie, daß Heinrich, der Sohn des toten Herzogs von Lancaster und nun selbst ein Herzog ohne Land, mit einem Haufen wilder Männer an der Küste von Dover stand. Es waren Männer, die sich nur den Gaumen wuschen, und den nie mit Wasser. Jetzt rannten sie übermütig im Küstensand herum und hieben Kormoranen die Köpfe ab und jagten Fischersfrauen durchs Schilf. Sie spürten, daß Heinrich auf dem Weg nach oben war – genau so wie Richards Krieger, die nun in Irland waren, ahnten, daß ihr König am Ende war. Verzagt stachen sie auf die Bauern ein. Wenn diese ein paar mehr gewesen wären und etwas von der Verzweiflung ihrer Gegner geahnt hätten, hätten sie ihren Freiheitskampf gewonnen. Denn wen das Glück verläßt, der findet am Morgen sein Bett leer und seine Kasse geplündert. Richard eroberte in Irland Strohhütte um Strohhütte, aber in England wurden ihm über Nacht alle Freunde untreu und stießen mit ihren Dorfbauern zu Heinrichs Heeresmacht. Nur drei Edle blieben dem fernen König treu – aber nicht, weil sie edel waren, sondern weil sie lebenslang solche Schweine gewesen waren, daß sie außerhalb des Schutzes dessen, für den sie Schweine gewesen waren, keine Chance hatten. Jeder Sauhirt hätte sie mit seinem Stecken totgeschlagen.

Heinrichs Abenteurerhaufe wurde ein stattliches Heer, während er durch den nassen Nebel auf Windsor losmarschierte. Und weil, wer nicht rechtzeitig zum Spundloch springt, ein leeres Faß vorfindet, stand der Herzog von York, Richards Stellvertreter, bald allein und ohne Hilfe da. Daß ihm das passieren mußte! Er hatte für Richard II. so viel übrig wie für jeden andern König, auch er hatte einmal von Kronen geträumt, aber der Verzicht hatte aus ihm einen Adligen des alten Schlags gemacht. Jetzt wollte er zeigen, wie loyal ein Herzog sein konnte. Er ritt, mit wehenden weißen Haaren und einem schmerzenden Kreuz, den heranreitenden Aufständischen entgegen. Er kannte sie ja alle von Bällen und Familienfesten. Heinrich sprang vom Pferd, half seinem Onkel von seinem, beide setzten sich auf einen Baumstamm, und Heinrich hörte sich die Vorhaltungen Yorks an. Dann schwiegen beide. Onkel, sagte Heinrich schließlich, ich mag euch, aber ich bin jetzt 35, und Richard ist ein Mörder und Länderdieb, und beides werde ich nie werden. Der Herzog von York sah ihn an und sagte: So? Dann akzeptierte er einen Schluck aus Heinrichs Feldflasche, und dann, weil alles sowieso schiefging, lud er die Aufständischen für eine Nacht in sein Schloß nach London ein. Wieso sollten sie im nassen Garten frieren? Ich würde dich gern verhaften, Heinrich, sagte er traurig vor seinem Kaminfeuer, aber ich bin zu schwach dafür. Dann gingen sie alle in ihre feuchten Himmelbetten. York fand keinen Schlaf und sehnte den Tod herbei. Heinrich jedoch träumte davon, alle Freunde Richards aufzuhängen und Richard zu erdrosseln.

So kam es, fast so. Die Freunde standen am nächsten Morgen vor Heinrichs Befehlsstuhl. Sie machten kein

langes Gerede. Sie gingen, ohne sich umzusehen, zu einem Block, auf den sie den Kopf legten. Oder zu einer turmhohen Brüstung, von der sie, mit einem Seil um den

Hals, ohne zu warten, sprangen. Oder zu einem gähnenden Loch in einem Verlies, in das sie sich ohne Widerstand von einem tierartigen Wärter stoßen ließen. Oder zu einem Becher Wein, den sie in einem Zug leerten. Oder zu einem Fluß, in den sie mit einem Stein um den Hals hineinwateten, ohne zum Himmel aufzusehen. So traten die Getreuen Richards ab, und Heinrich wandte sich den Dingen des Lebens zu.

Richard (die Erde war größer als heute) erfuhr von all dem erst, als er an der Küste von Wales gelandet war. Er hatte in Irland gesiegt und in England keinen einzigen Freund mehr. Er bekam Magenschmerzen und Ohrensausen. Seine Adligen in ihren gleißenden Rüstungen machten eiserne Gesichter. Die Korporale hatten die Herzen in den Hosen, und die Soldaten stierten vor sich hin. Einzig in Aumerle, dem Sohn des Herzogs von York und Erben seines verschütteten Ehrgeizes, glühte immer noch das Begehren, auch einmal auf dem höchsten Berg der Erde zu stehen. Als die todbringenden Nachrichten eintrafen, verschloß er die Augen vor der Erkenntnis, daß sich andere dahin aufgemacht hatten, ohne ihn. Er redete Richard heftig zu, sich den Verrätern entgegenzuwerfen. Dieser hörte ihn an. Ein kalter Wind pfiff ihm um die Ohren, und Aumerles Worte taten ihm wohl und schmerzten ihn. Er stand im Sand und sah zu den Klippen hinauf, über die der Sturm heulte, und er dachte, daß die Macht den Neid herausfordert, der den Tod mit sich bringt. Er ließ aufsitzen und ritt mit seinem feuchten Haufen zu seiner nächsten Burg. Während seine Leute im Hof froren und sich mit Frauengeschichten aufwärmten, aß er ein letztes gutes Essen. Er lernte, daß ein König ohne Menschen, die ihn für einen König halten, ein Esel ist, der versucht, an seinem Strick die Erde, in der er angepflockt ist, aus der Umlaufbahn zu reißen.

Auch er schlief schlecht. Als er am Morgen aus dem Burgfenster sah, waren die Hügel übersät von hin und her rennenden Männern mit Rüstungen, Schwertern und unförmigen Gewehren, von Pferden, Zelten, Fahnen, Feuern, Wagen, keifenden und lachenden Frauen, Hunden, Bettlern. Ihn schauderte. Er zog alle seine Insignien an und eilte zur Burgwehr, unter der schon, barhäuptig, Heinrich stand. Er sah auf ihn herab. Er hätte ihm mit einem gezielten Steinwurf den Kopf zerschmettern können. Aber das eigene Zerschmettertwerden konnte er nicht mehr verhindern. Richard, rief Heinrich. Ich will, daß du mir meine Güter wiedergibst und den Bann widerrufst. Komm herunter. Ende.

Noch einmal keimte Hoffnung in Richard auf. So stolz er nur konnte, ging er über die Zugbrücke, dem wartenden Cousin entgegen.

Als er vor ihm stand, Feuer im Auge und Angst im Herzen, kniete dieser plötzlich nieder. Alle waren verblüfft, am meisten Richard. Er hob ihn so schnell auf, daß jeder sah, er hatte seiner Absetzung längst zugestimmt. Ohne daß es ausgesprochen worden war, war Heinrich nun König, König Heinrich der Vierte. Alle ritten zurück nach Windsor, Heinrich voraus, Richard hinterdrein. Er saß matt auf seinem Pferd und machte nie den Versuch, einen seiner Bewacher zu bestechen oder in einen schwarzen Forst hineinzufliehen.

Im Königspalast war nichts mehr wie früher: vor Heinrich öffneten sich die Türen von selbst, und Richard wurden kaum zwei Minuten gewährt, sich von der Frau zu verabschieden, die mit ihm ein Leben verbracht hatte. Da sie aus Frankreich stammte, schickte man sie zurück nach Frankreich. Richard drehte sich nicht um, als er aus dem Zimmer ging, und der Blick seiner Frau konnte ihn nicht seiner Hölle entreißen. Sie war kein Orpheus und er keine Eurydike.

Richard, immer noch König, rief seinen Regenten, den Herzog von York, zu sich. Er gab ihm sein Zepter und die Krone und hieß ihn beides zu Heinrich tragen. Der Herzog nahm Zepter und Krone mit einem ernsten Gesicht aus des Königs Händen, aber schon vor der Kammertür lachte er. Das war noch einmal gut gegangen. Grinsend ging er die Treppe zu den großen Sälen hinunter. Heinrich, lieber Neffe, rief er unten im Thronsaal, Richard sendet dir dies Zepter und die Krone und sieht dich als seinen Erben an. Besteig den Thron, der dir gebührt. Heinrich sah lange den Onkel, das Zepter, die Krone, den Thron an, und dann sagte er: In Gottes Namen. Er setzte sich auf den samtbelegten Goldsessel und war König. Er sah über die Köpfe der Untertanen hin, die sich vor ihm neigten.

Nun wollte Heinrich nur noch eines: Richard sollte so öffentlich abdanken, daß an der Legalität seines Handstreichs kein Zweifel bestehen konnte. Er versammelte alle – Barone und Baronets, Herzöge und Herzoginnen, Bischöfe und Richter, Pairs und Pagen – im großen Thronsaal, stellte sich der Tür gegenüber auf und ließ Richard rufen. Es war totenstill, als dieser über das unendliche Parkett ging. Nur seine Schritte hallten. Endlich stand er vor Heinrich. Plötzlich fiel ihm alles entsetzlich schwer. Er war nicht mehr König, was war er jetzt? Er stierte Heinrich an und brachte keinen Laut über die Lippen, er hatte keine Beine mehr und keine Arme und kein Gesicht. Durch den Wasserschleier vor seinen Augen sah er Heinrich, der breitbeinig dastand, so wie er das in seinen Tagträumen seit seiner frühesten Jugend geübt hatte. Ihm fiel das Sprechen leicht. Als er die Verwirrung des zu nichts geschrumpften Richard sah, ließ er ihm einen Spiegel bringen, um ihn an sich selbst zu erinnern. Richard sah hinein. Dann zerschmetterte er ihn am Boden, und damit sich selber. Er dankte ab. Noch lebte er in einem Traum, aber er war am Erwachen und auf dem Weg in jene Welt, in der die, die nicht Könige sind, ihr Leben verbringen. Er wurde, jetzt nicht mehr besonders höflich, in den Tower gebracht. Ein Wärter stieß ihn in ein Verlies, das ein kleines vergittertes Fenster hatte, durch das er die Themse sah, auf der gewaltige stolze Schiffe zum Horizont fuhren.

Während Heinrich IV. sich auf seinem Thron zurechtsetzte und auszuprobieren begann, wie die junge Sonne seiner Macht Herzöge und Erzbischöfe blendete, ließ sein jäher Aufstieg Aumerle, seinen Vetter, nicht ruhen. Mit einigen Adelskumpanen plante er die Ermordung des Königs. Allerdings stellte er sich so ungeschickt an, daß ihn sein Vater und seine Mutter mit einer Pergamentrolle unterm Hemd ertappten, auf der alles haarklein stand. Bleich standen alle drei im Salon. Der alte Herzog schrie, er werde alles dem König sagen, ja, das werde er, er habe sich für die Treue seiner Familie verbürgt und nicht ein Leben lang seinen Kopf für seine Redlichkeit riskiert, um ihn jetzt für die Unredlichkeit seines Sohns abgeschlagen zu bekommen. Und überhaupt. Aumerle schrie, alles sei nicht halb so wild. Die Herzogin schrie, sie sollten nicht so schreien, man höre ja alles. Dann begann ein Husarenritt vom Yorkschen Palast nach Windsor. Alle drei ritten auf ihren besten Pferden, so schnell sie konnten. Immerhin waren es gute zwanzig Meilen. Natürlich kam Aumerle als erster an. Er rannte die Treppen zum König hinauf, der seinen erhitzten Rivalen erstaunt ansah. Auf seinen Wunsch verschloß er sogar die Tür. Aber da kam schon der greise Vater die Stufen heraufgehetzt, er trommelte gegen die Tür und brüllte, Heinrich, du hast einen Hochverräter bei dir, meinen Sohn. Heinrich öffnete schnell die Tür, und Vater und Sohn redeten nun gleichzeitig. Heinrich verzog keine Miene. Er dachte an die Möglichkeit eines Gottesurteils oder einer Verbannung, aber da kam die Herzogin in den Saal gestürzt. Sie sank vor dem König in die Knie, auch, weil sie sich nicht mehr aufrecht halten konnte. Ihre Perücke war verrutscht, und Puder lief in unschönen Schweißbahnen über ihr Gesicht. Heinrich hörte sich alles an. Dann erzählte er in einer plötzlichen Vertraulichkeit von einem mißratenen Sohn, der in den übelsten Spelunken Londons herumziehe und seine Nächte mit Damen zubringe, die nicht nur nicht von seinem Stand seien, sondern zudem meistens lägen statt ständen. Alle waren erstaunt. Es war das erstemal, daß Heinrich, den man nie mit einer Frau gesehen hatte, von einem Sohn sprach. Wer bisher davon gewußt haben mochte, hatte kein Sterbenswörtchen gesagt. Heinrich verzieh dem schwarzen Schaf der Familie York. Er wischte sich gedankenverloren über die Stirn, bis seine Hand die Krone zu fassen bekam. Da richtete er sich auf und rief, man solle den andern Hochverrätern sofort den Kopf abschlagen. Aumerle sank in die Knie.

Noch während des Versöhnungsessens, bei dem Tonnen von Wildschweinbraten mit Pfefferminzsauce vertilgt wurden, traten, einer nach dem andern, junge Edelleute aus allen Landesteilen vor den König, die blutigen Köpfe der Verräter auf Silberplatten anmutig vor sich hertragend. Der König lächelte. Wein floß in Strömen. Alle waren gut gelaunt, Heinrich spielte am Busen einer Hofdame herum, Aumerle gab sich unklaren Tagträumen hin und der Herzog von York erzählte mit einem schlagflußroten Gesicht Scherze aus der Zeit Wilhelms des Eroberers. Es fehlte nur noch *ein* Toter, aber niemand sprach von ihm.

Beim Nachtisch betrat ein Höfling den Saal. Hinter ihm gingen zwei Diener, die einen Sarg trugen. Strahlend, mit blutigen Händen ging er auf den König zu. Majestät, ich habe in Euren Augen gelesen, daß ich dies Werk für Euch tun sollte, rief er. Ich habe es getan. Er legte eine Hand auf den Sarg und wartete auf seine Belohnung. Wer gerade einen Bissen im Mund hatte, hielt mit dem Kauen inne, und wieder wurde es totenstill im Saal. Die Schläfen des Königs schwollen an. Er sah auf den Sarg. Spürte er Jubel in sich, oder Panik? Er murmelte etwas. Er wies den Höfling mit einer Kopfbewegung aus dem Saal.

Dieser fand sich eine Stunde später auf einem Schiff wieder, das ihn dem Horizont entgegenfuhr. Hinter ihm versanken die schwarzen Türme des Tower im Wasser. Er weinte. Er irrte tränenblind auf dem Schiff umher, durch das Lachen der Matrosen hindurch, und dachte an den König, diese Sau, der jetzt auf dem Sarg Richards Polka tanzte. Er wußte nicht, daß der König, jetzt, wo seine heimischen Angelegenheiten geregelt waren, auch eine Schiffsreise plante, nach Jerusalem, das er den Heiden entreißen wollte, wie vor und nach ihm viele Könige.

KÖNIG HEINRICH IV.

1. TEIL

Es ist gut – oder ist es entsetzlich? –, daß niemand seine Zukunft kennt. Als Heinrich damals auf den Klippen von Dover gestanden und über das Land geblickt hatte, das er erobern wollte, hatte er gedacht, er werde es nie schaffen. Er schaffte es. Die Sonne schien. Die Bewohner von Canterbury und London empfingen ihn mit Obstkörben. Wildfremde Herzoginnen fielen ihm um den Hals. Ihre Männer traten demütig einen Schritt beiseite. Kinder rannten hinter ihm drein, weil sie hofften, daß Brot oder Gold von seinem Streitwagen fiele. König Richard II. selber hielt ihm die Krone hin, ehe er die Hand danach ausgestreckt hatte. Er lag tot im Tower, bevor Heinrich bemerkt hatte, daß er seinen

Daumen immer öfter nach unten hielt. Es war so etwas wie ein Traum.

Zwei drei Jahre lang ging Heinrich IV. dann mit seiner Krone von Spiegel zu Spiegel. Er beauftragte Maler, ihn auf Schlachtrössern, in nebligen Landschaften oder vor den Toren Jerusalems zu malen. Er zerbiß Wildschweinknochen und hüpfte über die Fliesen der Korridore. Er schoß mit Pfeilen auf Hirsche und legte Schlingen nach Fasanen aus. Er sah zu, wie im Innenhof des Palasts Wegelagerer und ungetreue Kuriere gehängt wurden. Er beriet sich mit Schatz- und Zeremonienmeistern. Er spuckte Hofdamen Kirschenkerne zwischen die Brüste und lachte schallend. Er stand oft vor einem Kartentisch, der die Welt von damals abbildete. Er schloß dann die Augen und tippte mit dem Zeigefinger auf irgendeine Stelle. Die wollte er erobern, Sizilien oder den Kaukasus oder das Tote Meer. Es war eine gute Zeit. Sie dauerte bis etwa ins Jahr 1402 hinein. Dann fiel ihm auf, daß die, die ihn auf ihren Schultern getragen hatten, längst wieder bei ihren Bauern den Zehnten eintrieben, ohne ein Körnchen nach London zu schicken. Er begann zu ahnen, daß das Sprichwort log. Auch zu seiner Zeit mußten die Bauern, die im Frühling luftige Samen über die Äcker streuten, im Herbst tonnenschwere Rüben heimschleppen. Auch damals mußten die Liebhaber, die eine Frau am Abend im Sturmschritt in ihre Kammer hinaufgetragen hatten, ihr am Morgen versprechen, dies nie mehr mit einer andern zu tun. Auch früher lernten die Mutter-

mörder die Erinnyen erst kennen, wenn sie ihre Tat ausgeführt hatten. Der Anfang war nicht schwer; schwer war, was auf ihn folgte.

König Heinrich IV. wurde immer stiller. Aus jedem dunkeln Winkel schauten ihn jetzt die Augen seiner Opfer an. Er ging immer seltener bis ans andere Ende des Palasts, und wenn, dann schaute er um die Ecken und ging nahe an der Mauer. Wenn es klopfte, sprang er auf und rief: Wer da? Er hatte keine Frau und keine Freundin und sprach nie mit seinem Sohn. Er dachte immer seltener an die flirrende Luft, aus der sich die Türme Jerusalems erhoben. Es fiel ihm auf, daß die Höflinge verstummten, wenn er in ein Zimmer kam. Wovon sprachen sie? Heinrich war zwar König, aber er konnte nicht vergessen, wie er es geworden war.

Er stand nun oft allein am Fenster seines Schlafzimmers und sah in den Regen hinaus, über Schindeldächer, die Themse, Lagerschuppen und Krane am Hafen, Krankenhäuser, über denen noch der Geruch der letzten Pest lag, den Tower und die fernen Häuser von Eastcheap, da wo das feste Land langsam zum Wasser wurde und man von manchem Haus nicht sagen konnte, ob es noch stand oder schon schwamm. Wer dort lebte, konnte sich trockene Füße nicht leisten, und wenn jemand von den in den Morast gelegten Stegen abkam, wurde er von der Erde verschlungen. Dort schleppten Männer und Frauen sechzehn Stunden pro Tag Säcke und Fässer, und dann saßen sie todmüde in einer der zehntausend Kneipen, jede eine Heimat der Armen. Wenn sie Geld hatten, aßen sie Brotsuppen oder Rüben mit Schmalz. Hatten sie keines, saßen sie still da und warteten darauf, daß ein Gast eine Lokalrunde schmiß, weil er einem reichen Handelsmann, der in seiner Gegenwart in den Morast gefallen war, zufällig natürlich, beim Aufheben seiner Goldschatulle hatte behilflich sein dürfen. Dann war in so einem Lokal die Hölle los. Die Freunde des so plötzlich reich gewordenen Gastgebers drängelten sich vor der Theke, und sogar die Spitzel der Polizei soffen sich zuerst einen an. Junge Frauen, die tagsüber in der Themse Wäsche gewaschen und traurige Lieder gesungen hatten, sprangen auf die Tische und tanzten wilde Tänze. Die Männer saßen mit offenen Mäulern auf den Bänken und starrten nach oben. Sie brüllten und sangen. Greise mit blauen Gesichtern hoben ihre Bierkrüge zum Himmel und stürzten tot unter die Tische. Die Luft war voller Qualm und Rauch. Alte Frauen aßen Suppen mit Schaffleischbrocken drin. Die jungen Frauen auf den Tischen, wenn sie naßgeschwitzt waren, warfen sich plötzlich über Männer, deren Augen sie während des Tanzens liebgewonnen hatten. Sie schmiegten sich an sie und küßten sie. Die Männer spürten ihre Hitze. Unter den bauschigen Röcken der Frauen liebten sie sich inmitten der tobenden Menschenmasse. Jeder hatte sowieso mit sich selber zu tun. Erschöpft hingen die Geliebten dann ineinander, und erst dann sahen die jungen Frauen die toten Greise unter den Tischen. Sie warfen sich weinend über sie. So stellte König Heinrich sich das vor.

Er war nicht der Ansicht, daß in seinem Land jeder Mensch ein Anrecht darauf habe, zu leben wie ein Mensch. Nicht einmal die Armen selbst dachten das. Heinrich stand nicht ihretwegen am Fenster, sondern weil er seinem Sohn nachsah, der fast täglich aus dem Palast schlich und sich in den Gassen Eastcheaps verlor. Was tat er dort die ganze Nacht? Der König beneidete seinen Sohn ein bißchen, und er war wütend über ihn. Er hatte für ihn den Thron Englands erobert, er hatte in den letzten zwei Jahren Dutzende von Verdächtigen umgebracht, und das war nun der Dank.

Tatsächlich glaubte der Prinz – auch er hieß Heinrich – allen Ernstes, daß sein Herz für das einfache Leben schlage und daß er über die Verführungen der Macht lache. Er saß unter Wegelagerern und dachte, er sei selber einer. Er ließ sich von Frauen küssen und dachte, er sei ein liebenswerter Mensch. Er war so jung, daß er keinen Bart hatte. Er meinte, seine Freunde seien aus reinem Spaß Diebe und seine Freundinnen gäben sich aus purer Lebenslust fremden Männern hin, und die Not sei ihr Lebensziel. Wenn einer seiner Kumpane von der Polizei weggeschleppt wurde, dachte er, bevor *er* an den Galgen müsse, könne er ja noch immer König werden. Er glaubte, alles gleichzeitig zu können: Räuber zu sein und Gendarm, arm und reich, ehrlich und durchtrieben, ein guter Sohn und ein Spötter des königlichen Rechts.

Er hatte, weil er immer Geld in der Tasche trug, viele Freunde, aber sein bester Freund war ein Herr Falstaff, ein Ritter in Lumpen, der zu keinem Roastbeef in Pfefferminzsauce nein sagen konnte und dem man das auch ansah, dem man aber nicht ansah, woher er das Geld nahm, mit dem er die Roastbeefs bezahlte, falls er sie bezahlte. Er hatte drei Gehilfen: der erste war alterslos und hatte ein burgunderrotes Gesicht mit einer violetten

Nase, Gott weiß, wovon. Der zweite war riesengroß und hatte ein Gesicht wie ein wieherndes Rentier. Der dritte war sonst irgendwie aus den Fugen. Alle drei stanken. Niemand wußte, fast niemand, wozu Herr Falstaff, der nur roch, diese drei Männer mit sich herumschleppte. Man munkelte, die drei hätten ein gutes Auge für alles, was nicht niet- und nagelfest war. Man munkelte auch, Herr Falstaff habe zwei Augen, die er gegen eine prozentuale Beteiligung zudrücke, und öfter als oft schwinge er auch selber den Säbel gegen Postkutscher und Kuriere des Königs. Er hoffte immer wieder, diese könnten es einfach nicht glauben, von einem Faß überfallen worden zu sein.

So stand, ein paar kurze Jahre lang, die Zeit in England still. Nichts geschah. Der König schaute zum Fenster hinaus. Sein Sohn hockte in den Wirtshäusern. Die Bauern atmeten leise. Die Räuber raubten nachts. Die Barone rodeten Wälder, und die Herzöge trafen sich in Kellergewölben. König Heinrich wußte von niemandem, wer was tat. Wo waren die Freunde von früher hin? Glendower zum Beispiel, der die Sprache des Teufels verstand und mit magischen Wörtern Orkane auslösen konnte, saß in seiner Trutzburg in Wales und tat so, als habe er sein Englisch verlernt. Mortimer, der kein Wort Walisisch konnte, ging Tag und Nacht mit Glendowers Tochter, die kein Wort Englisch konnte, spazieren. Percy, mit seinem Gemüt aus Schießpulver, kämpfte gegen rebellierende Schotten und besiegte sie ständig und ließ sie immer wieder laufen. Northumberland, Percys Vater, beantwortete die Botschaften des Königs mit Knurrlauten. Im Süden schoren die Lehnsherren wortlos ihre Schafe. Heinrich saß über der Karte Englands, steckte Fähnchen hinein und überlegte sich, ob das, was sich im Nebel seines Landes tat, Schlamperei war oder Rebellion. Die Birkenblätter im Garten bewegten sich kaum mehr. Jeder spürte die Ruhe vor dem Sturm. Niemand wagte mehr zu atmen. Jeder wollte noch einen Morgen im eigenen Bett erleben.

Aber dann, an einem Maimorgen, fühlte sich Percy stark genug, den König aus dem Sattel zu heben. Mit einem Heer schimmernder Ritter zog er aus dem Norden in die Midlands. Die Bauern, durch deren Dörfer er kam, jubelten ihm schreckensbleich zu. Rotten von hungrigen Kindern zogen hinter ihm drein. Die Kundschafter Heinrichs, die auf hohe Bäume kletterten, um die Truppenbewegungen besser zu übersehen, berichteten, Percys Heer wälze sich wie ein Strom durch die Täler. Alle Schotten seien zu ihm gestoßen. In Wales versammle Glendower sein ganzes Volk. In Northumberland stünden Tausende von Rittern bereit. Der Erzbischof von York predige von der Kanzel, Heinrich habe versprochen, nie König zu werden, und überhaupt stehe er in der legalen Thronfolge auf Platz 57 und maße sich einen Titel an, der dem edlen Mortimer zustehe. Auch dieser marschiere mit Fahnen und Kriegshörnern nach Süden. Worcester komme aus Worcester. Wenn Heinrich auf seiner Karte die Marschrichtungen der Heere verlängerte, kreuzten sich seine Striche in der Ebene von Shrewsbury an den Ufern des lieblichen Severn. Er dankte seinen Spionen. Er hatte Mühe, seine zitternden Hände vor ihnen zu verbergen. Er wußte, wie leicht es war, einen König zu stürzen. Er dachte, er habe nichts anderes verdient.

Weil er drauf und dran war, Percy seine Krone zu schicken, ließ er seinen Sohn rufen, obwohl er zuweilen auch dachte, dieser könnte mit den Rebellen gemeinsame Sache machen. Nur, er hatte sonst niemanden. Prinz Heinrich war jedoch gerade wieder auf einer Kneipenrunde. Er war in ganz England der einzige, der von dem Unglück, das sich über dem Königshaus zusammenbraute, nichts bemerkt hatte. Er saß ahnungslos in seiner Stammkneipe und sagte gerade zu seinem rentiergesichtigen Freund: Du, ich habe Falstaff versprochen, an einem Überfall auf einen königlichen Geldtransport teilzunehmen. Einmal ist keinmal, du weißt ja. Jetzt habe ich aber den Plan, daß, kaum ist unser Hold-up geglückt, wir zwei uns verkleiden, wie Nikoläuse, und Falstaff die ganze Beute wieder abnehmen. Und dann sitzen wir hier in der Kneipe und hören uns an, wie Falstaff begründen wird, daß ihm sein unrecht Gut, kaum gewonnen, schon wieder zerronnen ist. Haha! Wird das nicht lustig werden? Prinz Heinrich sah seinen Freund strahlend an, und dieser verzog sein Gesicht zu einem Wiehern.

Unterdessen suchten ganze Polizeihundertschaften den jungen Heinrich. Aber wie sollten sie ihn finden? Er trug eine Maske und trat, mit einem Schwert fuchtelnd, ohne seine adelige Technik erkennen zu lassen, Falstaff entgegen. Geld her, rief er mit verstellter Stimme, oder Blut. Natürlich floh Falstaff wie ein Elefant durchs Unterholz, denn nichts auf dieser Erde fürchtete er mehr als den Tod. Heinrich und der Rentiergesichtige gingen mit der Beute in die Kneipe zurück. Dort saßen sie, schon einigermaßen besoffen, als Falstaff kleinlaut zurückkam und ihnen berichtete, er sei einer Übermacht von tausend Teufeln zum Opfer gefallen. Einige hundert habe er gefällt, aber auch er sei nur ein Mensch. Prinz Heinrich und der Pferdegesichtige hielten sich die Bäuche vor Lachen. Sie wiesen auf die Geldsäcke, die unter dem Tisch lagen. Falstaff wurde rot und weiß, es war ihm schon ein bißchen peinlich, aber da polterte es an der Tür, und die Polizei war da. Falstaff verdrückte sich in den Geschirrschrank. Er hatte das Unglück, der einzige dicke Halunke Englands zu sein. Das erleichterte den Kriminalern die Fahndung jeweils so ungemein, daß kaum je eines ihrer Aktenzeichen ungelöst blieb. Jetzt jedoch hatten sie Wichtigeres zu tun. Der Prinz mußte sofort zu seinem Vater. Es war Krieg.

Endlich spürte auch der Prinz, daß die Krone am Davonschwimmen war. Gemeinsam begannen Vater und Sohn alle Truppen auszuheben, deren sie habhaft werden konnten. Die Werber drangen in Köhlerhütten, Einsiedeleien und Krankenhäuser. Wie verzweifelt die Lage war, konnten die Untertanen daran ermessen, daß

Prinz Heinrich sogar Falstaff damit beauftragte, kampffähige Männer unters königliche Banner zu zwingen. Falstaff tat, was er konnte, was *er* konnte: er erklärte die für kriegsdienstuntauglich, die ihm einen dicken Beutel voll Goldpfunden in die Hand drückten, und aus den andern bildete er ein Heer, das von einem Hirtenhund in die Flucht gejagt werden konnte. Immerhin marschierte er mit seinen sterblichen Männern nach Shrewsbury, wie alle andern. Dort waren schon alle Höhenzüge voll mit glitzernden Rüstungen und blinkenden Schwertern, und die Hasen flohen in die Wälder. Falstaff nahm sich vor, den Krieg, gehe er aus, wie er wolle, unangestochen zu überleben. Nachdenklich stand er an einem Waldrand und sah zu den fernen Zelten des Feinds hinüber und dachte, daß ein Körper wie seiner von einem Armbrustschützen sehr leicht zu treffen sei.

Da, wo Falstaff hinblickte, stand Percy mit einem steinernen Gesicht vor seinem Zelt. Glendower, ein Trumpf As in seinem Spiel, hatte einen Boten geschickt, er sei krank geworden, und mit ihm sein ganzes Volk. Und warum? Ein stürzender Komet hatte ihm angedeutet, daß der Aufstand scheitern werde. Pah, rief Percy. Hosenscheißer. Mit dem Fuß zeichnete er eine neue Karte Englands in den Dreck. Er leitete Flüsse um und verschob Wälder. Sein Anteil wurde immer größer.

Die Nacht war, wie alle Nächte vor Schlachten, unendlich lang. Der Mond kroch über den Himmel. Die Soldaten lagen neben den Feuern und taten, als ob sie schliefen, aber sie waren wach und dachten an ihre Frauen, deren warme Brüste sie nie mehr spüren würden. Endlich sangen die ersten Amseln, und die Schlachthörner ertönten. Die Heere zogen über einen großen Acker aufeinander zu, mit ihren eisernen Füßen Runkelrüben und Weißkohlköpfe zertretend. Sie krachten ineinander. Funken stoben. Pferde wieherten. Männer schrieen. Trompeten bliesen. Percy spaltete einem Feind nach dem andern den Schädel. Aber auch Prinz Heinrich hinterließ eine triumphale Blutspur, wo immer er focht. Sogar der König wagte sich von seinem Hügel herab und griff einen versprengten Schotten an, aber es war gut, daß sein Sohn diesem den zum Todesschlag erhobenen Arm vom Rumpf trennte. Vater und Sohn umarmten sich. Da stürmte Percy herbei. Prinz Heinrich drehte sich um und rammte ihm sein Schwert in den Bauch, als sei er ein gewöhnlicher Landsknecht. Percy stürzte tot über Falstaff, der mit geschlossenen Augen unbeweglich dalag, weil er dachte, eine Schlacht sei bei den Toten am leichtesten zu überleben. Erst am Abend, als der Schlachtlärm verklungen war, stand er stöhnend auf, sah, wer ihm da auf dem Magen gelegen hatte, lud ihn sich auf die Schultern und machte sich mit seiner Beute zum Königszelt auf. Er erhoffte sich für den toten Percy ein kleineres Baronenschloß. Heinrich, Vater und Sohn, übersahen ihn. Sie blickten über den blutroten Acker, der von toten Landsleuten übersät war. Ihre besten Freunde lagen hier. Sie legten die Arme umeinander und lachten. Der Vater hatte zum erstenmal in seinem Leben das Gefühl, daß seine Krone gottgewollt war, und der Sohn, daß er ein Mann von Adel sei. Es war schön, zu siegen. Auch wenn der Krieg noch nicht gewonnen war, hatte er doch gezeigt, daß die Geschichte sich nicht wiederholt. Jetzt mußte nur noch Northumberlands Heer geschlagen werden, und das Glendowers.

KÖNIG HEINRICH IV.

2. TEIL

Heinrich IV. war ein König gewordener Rebell, der lebenslang gegen Rebellen kämpfte, die Könige werden wollten. Er erkannte sie an ihren zusammengebissenen Kinnladen, an ihren Blicken, an einem warnenden Gefühl in sich. Er schonte keinen und verbrachte

Monate auf Kriegszügen. Unvermutet erschien er vor den entlegensten Burgen und schlug dem Burgherrn den Schädel ein. Seine Faust blieb blutrot. Aber immer wieder tauchten neue Rebellen aus den Mooren auf, Herzöge und Barone, die, statt in ihren Dörfern, in der Hauptstadt herrschen wollten. Die Bauern, die ihnen dabei helfen mußten, fanden keine Ruhe mehr. Sie zogen durchs Land und zündeten königliche Burgen und Getreidefelder an, schändeten Frauen, die der Krone treu waren, schlachteten die Schafe des Hofes und hetzten die Kuriere des Herrschers mit Bluthunden in Sümpfe. Und umgekehrt. Zwischen den Schlachten bauten Herren und Knechte ihre Burgen und Strohhütten wieder auf, immer nachlässiger. In verkohlten Trümmern saßen Frauen und Kinder und warteten auf Männer, die nie kamen. Sie fragten vorbeimarschierende Soldaten aus, humpelnde zwanzigjährige Greise, die selber nicht ein und aus wußten. Niemand mehr wußte, was vor sich ging. Wer ein Bein oder ein Auge behalten hatte und vom Wundfieber verschont geblieben war, kam sich wie ein Sieger vor. Das Land war so groß, daß eine Niederlage im Süden im Norden als Sieg gefeiert wurde und daß im Osten Heerführer gefeiert wurden, die im Westen längst verscharrt waren. Kreuz und quer durchs Land ritten Boten. Sie reicherten das wenige, was sie gesehen, mit dem vielen an, das sie gehört hatten. Mit dem Wind eines günstigen Gerüchts im Rücken konnte man Schlachten gewinnen.

So war die Schlacht von Shrewsbury für den machtlüsternen Hochadel zu einer entsetzlichen Niederlage geworden – Percy tot, Douglas tot, 20000 Bauern tot –, aber im Norden oben, in der Burg Werkworth, gegen deren Mauern das Wasser des Kanals klatschte, wußte Northumberland lange Wochen nicht, welchem der vielen Meldereiter er nun glauben sollte. Er sah sie alle mißtrauisch an, wie sie dastanden, verhungerte Vogelscheuchen mit vielfarbigen Erzählungen, alle gierig auf eine Belohnung. War sein Sohn wirklich tot? Schickte König Heinrich tatsächlich ein Heer gegen ihn, so weit in die Sümpfe hinauf? Und was sollte er jetzt mit seiner Frau tun, die schrie, sie wollten beide in die Antarktis fliehen und ein neues Leben zu zweit beginnen, und was mit Kate, Percys Frau, die ihn anbrüllte, er sei ein Schlappschwanz und das Gegenteil von ihrem Gatten, den sie nun ewig missen müsse? Er entlöhnte alle Boten gleichmäßig und vertröstete die Frauen. Unschlüssig sah er von seinen Burgzinnen herab, aber da sah er nur das graue Meer und grüne Moose und den Rauch ferner Hirtenfeuer, und am Himmel Wolken, in denen er je nachdem feuerspeiende Drachen oder Totenköpfe erkannte. Er seufzte. Er war alt. Für einmal war er froh, daß er am äußersten Rand der zivilisierten Welt lebte. Nördlich von ihm waren nur noch Schotten.

Viele Meilen weiter südlich, in Yorkshire, warteten indessen die übriggebliebenen Rebellen auf ihn und sein Heer. Sie waren längst wieder guter Dinge, sie lebten ja noch, und Percy war doch ein recht machtlüsterner Rivale gewesen. Sie hatten gehört, König Heinrich habe sein Heer in drei Teile teilen müssen. Mit dem ersten Haufen sei er nach Wales gezogen, um Glendower zu bekämpfen, mit dem zweiten sei er unterwegs nach Northumberland, und der dritte wehre sich gegen eindringende Franzosen. Sie sahen sich an und lachten. Sie sahen einen breiten unbewehrten Weg vor sich, der direkt zum Thron führte. Sie tranken einen auf ihren Sieg, und der Erzbischof von York fand viele göttliche Argumente, wie sie dem König die Hölle heiß machen konnten. Sie wußten nicht, daß in Wirklichkeit Glendower im Sterben lag, Northumberland seine Koffer packte, um zu den Schotten ins Exil zu gehen, und die Franzosen keinen Gedanken an die ferne Insel im Atlantik verschwendeten.

Jedermann sonst in England hatte genug vom Krieg. Falstaff zum Beispiel wanderte mit düsteren Gedanken von Shrewsbury nach Eastcheap, und seine Schritte wurden immer langsamer. Das Geld, das er beim Ausheben kriegsunwilliger Bauern und Bürger verdient hatte, war längst ausgegeben, bei Bier, Frauen und Singen. Er kannte keinen Menschen, den er nicht mehrmals angepumpt hatte. Er war so verzweifelt, daß er den Oberrichter, der ihm bei den ersten Häusern Eastcheaps begegnete und ihm sofort wegen einigen längst verjährten Geldgeschichten ins Gewissen redete, um einen kleineren Kredit bat. Ja, er traute sich kaum in den Gasthof hinein, denn da lagen Doll, seine früher so zärtliche

Doll, und die Wirtin zähnefletschend auf der Lauer. Doll erwartete ein Kind, das, falls es ein dickes würde, seines sein mochte. Und der Wirtin hatte er in einer schwachen

Minute die Ehe versprochen, weil sie wie eine Mutter war und ein Sparschwein hatte. Jetzt war das Sparschwein leer und die Wirtin immer noch Braut und so wütend, daß sie ihren Liebsten bei der Polizei angezeigt hatte. Falstaff, als er endlich in die Gaststube trat und überall Polizisten sah, brauchte viele Beschwörungen, Tränen, Scherze und Kosegriffe, um die Wirtin von der Seite des Rechts auf seine zu bringen. Endlich küßten sie sich wieder, und Doll war nicht eifersüchtig, und die Polizisten zogen ab.

Auch Prinz Heinrich war, zusammen mit einem der Freunde aus der Gasthofzeit, den ganzen weiten Weg von Shrewsbury nach London zu Fuß gegangen. Jetzt war er kein strahlender Held mehr, er war wieder der kleine Bub, als der er aufgebrochen war, er fror, die Füße taten ihm weh, und die Tränen standen ihm zuvorderst. Ach je. Er war bereit, seinen Anspruch auf die Krone für ein Bier herzugeben. Zudem hatte er gehört, es gehe seinem Vater schlecht. Er rede, mitten in all dem innenpolitischen Wirrwarr, wieder davon, Jerusalem zu erobern. Der Prinz blieb stehen und sah seinen Freund an. Mein Leben wird nicht mehr lange aus lustigen Bocksprüngen bestehen, sagte er zu ihm. Komm, wir lassen ein letztes Mal die Sau ab. Der Freund nickte. Einmal mehr kamen sie, wie Nikoläuse verkleidet, in den Gasthof, aber diesmal erkannte Falstaff sie sofort. Nun, das war ja auch egal. Der Prinz riß den falschen Bart weg und trank sich einen letzten Rausch an, und Falstaff und alle andern halfen ihm dabei. Dann stand er schwankend auf und sagte, Leute, das Leben ist traurig, es herrscht schon wieder Krieg. Ich bin der Prinz und mein Vater liegt im Sterben und ich muß heim. Du, lieber Falstaff – Falstaff hob seinen roten Kopf von Dolls Busen – mußt gen Nordosten, wo die Heere der Rebellen stehen, Soldaten werben. Du weißt schon. Auf! Falstaff erhob sich. Er schnaufte und wankte. Gerade hatte Doll ihm ins Ohr geflüstert, jetzt gleich, gleich nachher, könnten sie die Feuer ihrer gemeinsamen Leidenschaft ineinander ergießen. Falstaff gab Doll einen Kuß und der Wirtin einen, dann stiefelte er hinter dem Prinzen drein in die feuchte Nacht. Während er durch schwarze Hohlwege schritt, tröstete er sich bei dem Gedanken, daß beim Rekrutieren sein Geldbeutel anschwellen würde wie sein Bauch.

Der Prinz eilte in den Palast, wo der König in einem Nachthemd schlaflos auf und ab ging. Die Gerüchte, die jeder zum besten gab, vermischten sich in seinem Kopf mit den Traumbildern seiner Schuld. Er sah gewaltige Heere grausamer Nordmänner seine Städte überschwemmen, immer näher kommend, bis sie ans Tor pochten. Als Prinz Heinrich an die Schlafzimmertür klopfte, erschrak der König entsetzlich. Er schickte seinen Sohn sofort an der Spitze eines Heers in die Nacht, die Mahre abzufangen.

Natürlich waren es nicht nur Nachtgespenster. Die Rebellen hatten immerhin 30000 Mann zusammengebracht, bleiche Köhlerbuben und wortkarge Greise und die Überlebenden von Shrewsbury, die die anfeuernden Reden der Generale alle schon einmal gehört hatten. Prinz Heinrich hielt sich eher an die alte Devise der englischen Könige, never change a winning team, trotzdem war ihm jeder neue Mann recht, den Falstaff aushob. Er sah nicht allzu genau hin, denn damals ging es den meisten Bauern so elend, daß sie sich nicht länger als zehn Minuten aufrecht halten konnten. Die, die genug zu essen hatten, hatten auch genug Geld, sich freizukaufen. So kam es, daß die Dicken munter im Moos saßen, während die Hagern, ihren Speeren ähnlich, immer erneut Schlachtreihen bildeten wegen einer Krone, die auf jedem Kopf genau gleich aussah.

Allen Soldaten hing der Krieg zum Hals heraus, und sogar die Anführer versuchten, zu einer gütlichen Regelung zu kommen. Mehrmals trafen sich zwischen den Linien Parlamentäre. Aber sie wurden sich nicht einig und redeten, mit ihren weißen Fahnen in der Hand, immer erbitterter aufeinander ein. Eine Lösung fand sich erst, als völlig unvermutet Prinz Johann, ein jüngerer Bruder Heinrichs, aus dem Dunkel der königlichen Familie auftauchte. Auch von ihm hatte König Heinrich nie geredet. Plötzlich stand er da und nahm alle Forderungen der Rebellen an, unter der einzigen Bedingung, daß sofort Friede herrsche und die Heere aufgelöst würden. Die Rebellen sahen sich verblüfft an, dann unterschrieben sie den Waffenstillstandsvertrag. Sie lösten ihr Heer auf, und die Soldaten zogen Arm in Arm über die Hügel davon, glücklich wie noch nie. Die rebellierenden Herzöge und Prinz Johann sahen ihnen gemeinsam nach, bis der letzte hinter einer Hügelkuppe verschwunden war. Dann änderte Johann den Ton. Sein Heer lag noch immer waffenstrotzend im Unterholz. Er klagte die Rebellen des Hochverrats an. Die Köpfe wurden ihnen auf einen Baumstumpf gedrückt, Schwerter sausten in ihre Hälse, und sie waren tot. Das war das Ende der Kriege zwischen Adel und Krone.

Nur Falstaff hatte nicht bemerkt, daß die Heere gar nicht kämpften, und focht in einem einsamen Forst mit

einem versprengten Feind, der sich sofort ergab. So machte Falstaff, ein Feind des Vergießens von Blut, besonders des eigenen, den einzigen Gefangenen eines Krieges, der gar nicht stattgefunden hatte.

Unterdessen stand König Heinrich IV. noch immer in seinem Nachthemd in seinem Schlafzimmer und sah noch immer in den schwarzen Nieselregen hinaus. Die rächenden Traumschatten standen nun fast körperlich vor seinem Fenster. Wer im Palast auch nur wie ein Bote aussah, mußte zu ihm hinauf und ihm berichten. Er hörte zitternd zu. Endlich, endlich kamen die Kämpfer selbst auf ihren stolzen Rossen in den Hof galoppiert. Sie schüttelten triumphierend die Fäuste, gingen breitbeinig über die Pflastersteine und zogen mit ihrem donnernden Lachen einen Schweif kichernder Hofdamen hinter sich drein. Sie traten in das Zimmer des Königs, der unrasiert, mit bloßen Füßen, auf seinen Kissen saß. He, König, riefen sie, wir sind die Sieger, du bist der Größte. Die Rebellen sind einen Kopf kürzer. Na? Die königlichen Heerführer standen waffenklirrend da und sahen ihren Herrn an. Dieser starrte zurück. Er konnte sich nicht erklären, warum ihn die herrliche Nachricht nicht glücklich machte. Er fiel in Ohnmacht.

In diesem Augenblick kam Prinz Heinrich ins Zimmer, und die ratlosen Höflinge waren froh, daß sie sich zurückziehen konnten, in einen Vorraum, wo jeder eine Hofdame auf die Knie nahm und ihr erklärte, wie er wieviele Feinde aufgespießt hatte. Prinz Heinrich setzte sich ans

Bett, auf dem sein Vater lag wie tot. Er sah ihn lange an. Der Vater sah unglücklich aus, wie ein uralter Löwe in einer Falle, aus der es keinen Ausweg gab. Seine Krone lag halb auf seinem Kopf, halb auf dem Kissen. Heinrich hob sie vorsichtig auf. Er fühlte ihr kühles Gold und spürte ihr Gewicht. Langsam hob er sie hoch und setzte sie sich auf den Kopf. Hm. Er stand auf und ging hin und her. Mit der Zeit wurde sein Hals weniger steif, und er ging sicherer und schneller. Er grinste. So fühlte sich eine Krone also an. Sein Vater hatte sie gestohlen, er aber erbte sie. Er wollte wissen, wie sein gekröntes Haupt aussah, und ging ins Nebenzimmer, wo ein großer Wandspiegel stand.

Der König wachte auf und sah, daß er allein war. Er fühlte sich elend. Wimmernd zog er an einer Klingel, und die erschrockenen Adligen kamen herbeigestürzt. Niemand hat mich lieb, rief er, warum laßt ihr mich allein? Da kam Prinz Heinrich zur Tür herein, mit der Krone auf dem Kopf. Das war zu viel. Der König starrte seinen Sohn entsetzt an und schrie, kannst du nicht warten, bis ich tot bin? Dann starb er. Er starb nicht in Jerusalem – und doch, denn einer alten Tradition zufolge hieß das Zimmer, in dem er lag, wie die Stadt, die er den Juden und Moslems hatte entreißen wollen, damit sie ein Zentrum der Christenheit werde.

Prinz Heinrich war nun König Heinrich V. Er ging im Sterbezimmer seines Vaters auf und ab und sah auf all die Adligen, die gerade eben noch für ihren nun toten

König durchs Feuer gegangen waren. Sie fühlten sich unwohl. Die meisten hielten nichts von dem ganzen Lancasterpack. Heinrich v. sah sie lange schweigend an. Er hatte die Hände auf dem Rücken verschränkt und ging wie ein König. Dann sagte er, er rechne mit ihrer Loyalität, so wie sie mit seiner rechnen könnten. Hier sei nicht der türkische Hof, sondern der englische. Sie gingen auseinander. Es ist nicht anzunehmen, daß sie einander glaubten. Heinrich ging, ohne noch einen Blick auf den toten Vater zu werfen, aus dem Zimmer, die Treppe hinauf, in den Thronsaal. Als er die Krone aufs Fensterbrett legte, fiel sein Blick auf die Dächer der Häuser von Eastcheap. Schon hatte er vergessen, daß er dort einmal glücklich gewesen war.

Bei Falstaff und seinen Freunden schlug die Nachricht von der neuen Würde ihres Saufkumpans wie eine Bombe ein. Falstaff war überzeugt, ein gemachter Mann zu sein. Er tanzte verzückt im Gastraum herum und versprach jedem, der gerade da war und ein Bier trank, ein hohes Staatsamt. Er machte Schnapsleichen zu Ministern und Frauen, unter deren Händen jede Fünf gerade wurde, zu Richtern. Alle nahmen einen gewaltigen Vorschuß auf das künftige Glück, und das Haus erbebte bis zum frühen Morgen in seinen Grundfesten. Dann machte sich Falstaff auf, um rechtzeitig vor der Westminsterabbey zu stehen, wenn Heinrich v. frisch gekrönt herauskäme. Er wollte demütig dastehen und ihm zuzwinkern. Egal, wenn die Nacht Spuren auf Gesicht und Kleidung hinterlassen hatte. Heinrich würde sein Pferd anhalten, sich zu ihm niederbeugen und sagen: Falstaff, altes Haus, schön, daß du auch da bist. Such dir ein Schloß in Cornwall aus.

In der Tat hielt Heinrich v. sein Pferd an, als er, von hunderttausend glücklichen Engländern bejubelt, frisch gekrönt aus der Westminsterabbey kam. Er beugte sich zu Falstaff nieder, der demütig dastand und zwinkerte. Aber er sagte etwas anderes. Ich bin aus meinem Traum aufgewacht, sagte er. Ich bin ein neuer Mensch. Er verbannte Falstaff, bei Todesstrafe, aus seinem Gesichtskreis. Dieser wurde von zwei Polizisten weggeschleppt. Er sah verblüfft seinem ehemaligen Freund nach, wie er durch die jubelnden Menschenmassen ritt. Er konnte es nicht glauben, obwohl sein ganzes Leben ihn gelehrt hatte, daß es das Schicksal des Menschen ist, von einem Fettnapf in den andern zu treten.

DIE LUSTIGEN WEIBER VON WINDSOR

Es gab in England früher Orte, in denen kein Mensch wie der andere aussah, und kaum einer überhaupt wie ein Mensch. Die Menschen waren eher eine Art Waldschrate oder bucklige Männchen oder Weiber mit Warzen oder Mädchen mit durchsichtiger Wachshaut oder sprachlose schielende Gelehrte. Auch die Städte waren anders als heute. Windsor etwa, immerhin eine Residenz der Könige und kaum 20 Meilen von London entfernt, war ein dorfartiges Städtchen mit verschlammten Straßen, Fachwerkhäusern mit Strohdächern, einem rauchigen Gasthof mit siebenschläfrigen Betten, einer Kirche, Krämerläden, einem Galgen, an dem kaum je ein Pferdedieb hing, und, etwas abseits, dem Schloß, aus dem heraus zuweilen Damen und Herren auf Pferden über sanfte Hügel in herbstgelbe Wälder stürmten, um Hasen oder Wildschweine aufzuscheuchen. Winde wehten Blätterwolken über Weiden, auf denen Schafe standen, und aus Abendnebeln tauchten Kuriere auf und verschwanden im Schloß. Im Städtchen kümmerte sich niemand darum. Hier bimmelten die Kirchenglocken, Gänse schnatterten in Innenhöfen, und Hunde zottelten durch den Gassendreck.

Zum Zeitpunkt der Ereignisse, von denen hier die Rede ist, einige Zeit nach der Krönung Heinrichs v., so um 1419 herum, lebten gerade eine Handvoll Menschen in Windsor, die man heute noch als einigermaßen normal bezeichnen würde: etwa ein hübsches, harmloses, siebzehnjähriges Mädchen, das Ann Page hieß, oder ein junger Mann namens Fenton, der einmal sogar einem Prinzen die Jagdflinte hatte tragen dürfen, was ihm aber nicht weiter in den Kopf gestiegen war. Vielleicht auch der Vater von Ann Page, ein redlicher Mann, der jeden Sonntag seinen steinalten Windhund bei Rennen laufen ließ und sich jedesmal über dessen letzte Plätze wunderte. Oder seine Frau, der die Lebensmitte einen etwas runden

Hintern beschert hatte und die sich zuweilen dabei ertappte, daß sie die starken Muskeln der in der Holzschnittbibel abgebildeten Jünger etwas zu lange betrachtete. Oder auch noch eine Busenfreundin Frau Pages, Frau Fluth – auch an ihr waren Plumpudding und Porridge nicht spurlos vorübergegangen – und ihr Mann, ein spindeldürres Männchen, das von der Überzeugung zerfressen war, seine Frau betrüge ihn Tag und Nacht mit Hinz und Kunz. Dann, schon merkwürdiger: ein Richter, der wie ein besoffenes Gesetzbuch sprach. Ein Pfarrer, dem man seine Herkunft aus einem nordwalisischen Bergdorf so deutlich anhörte, daß seine gottesfürchtigen Sätze allen Windsorern völlig unverständlich blieben. Ein Arzt, der vor dreißig Jahren aus der Bretagne eingewandert war und der noch immer kein Bein auf den Boden der englischen Sprache bekommen hatte. Ein käsiges Bürschchen, das um Ann Pages Gunst warb und die ihres Vaters schon gefunden hatte. Das Bürschchen war reich.

Schließlich gab es die Bewohner des Gasthofs zum Hosenband: da hatte nämlich Herr Falstaff mit seinen Freunden sein Hauptquartier aufgeschlagen, seitdem es in Eastcheap nicht mehr war wie früher. So war er dem König nah, ohne ihm unter die Augen zu geraten. Noch immer zitterte er unter dem Schock, die Gunst seines Königs verloren zu haben. Er versuchte, so froh und so locker wie früher zu sein. Aber er hatte nun oft Kreuzschmerzen, er schnaufte beim Gehen, und sein Herz machte zuweilen unerwartete Sprünge. Trotzdem machte er das Beste aus allem, und seine drei Freunde halfen ihm noch immer dabei. Sie lachten und aßen und tranken. Allerdings war die Harmonie der vier nicht vollkommen. Und an einem kühlen Herbstmorgen hörte man durch die Gasthausfenster die brüllende Stimme Herrn Falstaffs, die dem rentiergesichtigen Freund erklärte, einmal überlaufe auch ein Faß, wie er eines sei, und heute sei es so weit. Dann sah man den mit dem Rentiergesicht vor die Gasthoftür treten. Es war schwer zu entscheiden, was sich hinter seiner gewaltigen Stirn abspielte.

Das ganze Durcheinander fing damit an, daß Frau Page eines Morgens einen Brief von Herrn Falstaff bekam, in dem nichts anderes stand, als daß er in ihr das Schönste vermute, was Gott der Herr je erschaffen habe, und daß seine Augen, Ohren und Glieder danach brennten, sich Gewißheit zu verschaffen. Sincerely yours Sir John. Frau Page spürte eine plötzliche Wärme im Herzen. Sie wußte nicht recht, was sie tun sollte, und als sie über den Marktplatz ging, traf sie Frau Fluth, ihre Busenfreundin. Diese war aufgeregt und glühte vor Hitze. Schließlich gestand sie das Unerhörte: daß Herr Falstaff ihr geschrieben habe, daß er in ihr das Schönste vermute, was Gott der Herr je erschaffen habe. Frau Page wurde bleich und rot. Dann prustete sie los vor Lachen und holte ihren Brief aus dem Brustausschnitt hervor.

Zur gleichen Minute schlich sich aber auch schon der entlassene Spezi Herrn Falstaffs, der mit dem Rentiergesicht, zu Herrn Fluth und hinterbrachte ihm Herrn Falstaffs Projekte. Er hielt die hohle Hand hin, die Herr Fluth aber nicht mehr sah, denn vor seinen Augen verschwamm sofort alles. Er sah sofort wie ein überhitzter Dampfkessel aus. Mit einem aufgepappten Schnurrbart notdürftig verkleidet, stürzte er zu Herrn Falstaff, stellte sich als ein Herr Bach vor und stotterte eine haarsträubende Geschichte aus sich heraus, nämlich, er, Herr Bach, habe es seit Jahren auf Frau Fluth abgesehen, die ihn aber immer abblitzen lasse, und jetzt müsse Herr Falstaff seine, das heißt Herrn Fluths Frau, aufs Kreuz legen, denn einmal sei dann keinmal und dann könne Frau Fluth auch zu ihm nicht mehr nein sagen – jedenfalls fand er seinen Verdacht bestätigt, denn Herr Falstaff strich sich fett lächelnd über seinen Schnurrbart und sagte, sowieso habe er schon Kimme und Korn seiner Jagdflinte auf Frau Fluths Herz gerichtet. Wie Attila durch die Puszta donnerte Herr Fluth über den Marktplatz nach Hause.

Die Damen hatten inzwischen beschlossen, sich zu rächen. Sie schrieben Herrn Falstaff einen Brief. Der war sehr geschmeichelt zu hören, daß Frau Fluth zwischen 10 und 11 a.m. auf ihn warte und daß ihr Mann dann auf der Hasenjagd sei. Daß von Frau Page vorläufig keine Antwort gekommen war, störte Herrn Falstaff vorläufig nicht.

Natürlich trat er, wie ein Hahn in der Morgensonne, um fünf nach zehn in die Wohnung seiner Geliebten. Hab ich dich errungen, mein himmlisch Juwel? rief er, nicht zu laut, wegen der Nachbarn. Frau Fluth schlug errötend die Augen nieder. Herr Falstaff ging mit ausgebreiteten Armen auf sie zu. Da aber rumpelte, wie zufällig, Frau Page zur Tür herein. Himmel, dein Mann, rief

sie ihrer Freundin zu. Er kommt die Treppen heraufgestürzt, und er schnaubt etwas von einem dicken Ritter. Da erst sah sie Herrn Falstaff. Sie? rief sie. Sie hier? Er wird Sie töten! Herrn Falstaff befiel ein so heftiges Entsetzen, daß ihm die Peinlichkeit, der andern Empfängerin seiner Liebesschwüre gegenüberzustehen, kaum auffiel. Er dachte nur, wie er seine Haut retten könnte. Frau Fluth und Frau Page stopften ihn in einen Korb mit drekkiger Wäsche, und kaum war er drin, sausten zwei

Knechte mit ihm ab, am herbeidonnernden Herrn Fluth vorbei. Dieser hatte alle seine Freunde im Schlepp. Ha, Elende! brüllte er. Er war sicher, seinen Rivalen hier zu finden. Er sehnte sich danach, das ganze entsetzliche Gewicht der Hörner auf seiner Stirn spüren zu dürfen. Welch süße Qual, wenn seine Freunde einen nackten Mann im Kleiderschrank fänden, während seine Frau unbekleidet vor aller Augen auf dem zerknautschten Leintuch kauerte und die Hände ränge.

Inzwischen kippten die Träger den Korb in die Themse, da wo sie am schlammigsten war. Herr Falstaff steckte kopfvoran im Brackwasser. Seine dicken Beine strampelten über der Wasseroberfläche. Als er endlich den Kopf wieder oben hatte, sah er wie das Ungeheuer von Loch Ness aus, nur dreckiger.

Aus irgendeinem Grund reichte diese Lektion weder den Frauen noch Herrn Falstaff. Jeder andere wäre abgereist. Er aber brachte einer neuen Bitte Frau Fluths, ihr Sehnen sinnliche Gewißheit werden zu lassen, nicht das geringste Mißtrauen entgegen. Wieder wichste er seinen Schnurrbart, sprühte sich Eau de Cologne unter die Achsel und wusch sich zwischen den Beinen. Er trat, ohne zu klopfen, durch Frau Fluths Tür. Ein zweitesmal soll uns dein Gockel nicht in den Hof scheißen, du Herrliche! rief er und breitete seine Arme aus. Frau Fluth seufzte. Herr Falstaff summte einen Triumphmarsch in einer altenglischen Tonart, während er auf sie zuschritt. Da brauste, wie zufällig, Frau Page zur Tür herein. Wieder Sie? rief sie. Weh! Herr Fluth, einem Tiger gleich, stürzt, wieder mit allen seinen Freunden, durch die Gassen Windsors. Er vermutet Sie am Herzen seiner Gattin. Gott allein weiß, woher er das weiß.

Tatsächlich hörte Herr Falstaff schon die fernen Nagelschuhschritte Herrn Fluths. Er begann zu beben. War auf seine Fähigkeit, Mögliches und Unmögliches realistisch einzuschätzen, kein Verlaß mehr? Eben hatte er doch noch zu Herrn Bach, seinem Freund, gesagt: Und das versprech ich Ihnen, mein Lieber, diesmal rammle ich die Frau Fluth, daß ihr der Verstand aus den Ohren herausspritzt. Sollte das alles wieder nicht wahr sein?

Herrn Falstaff war nun alles egal. Er wollte nur noch überleben. Im Laufschritt rannten er und Frau Page in den ersten Stock, während unten schon Herr Fluth hereinstürmte, auf Rache sinnend wie ein hundertfacher König Marke. Er öffnete Schränke, Kästen und Türen und durchwühlte das Bett. Ihr könnt herunterkommen, gute Frau, rief Frau Fluth in den ersten Stock hinauf. Es kam der enttäuschten Wut Herrn Fluths entgegen, daß das dicke alte vermummte Wahrsagerweib, dem er vor Jahren schon das Haus verboten hatte, sich an ihm vorbeidrücken wollte. Er donnerte ihr seinen Stock hinten drauf, so stark und so wild er nur konnte. Herr Falstaff jaulte, trotz allen wirklichen Schmerzen, in einem hohen Sopran. Verzeih mir, mein Herz, rief Herr Fluth, als er die Alte mit einem letzten Fußtritt die Treppe hinuntergeworfen hatte, und sank vor seiner Frau in die Knie. Du bist unschuldig. Ach, warum träume ich immer davon, dich in einem wilden Ficken zu überraschen? Würde es meine Liebe zu dir jünger machen? Oder möchte ich auch einmal von einem starken Herrn Falstaff geliebt werden?

Die Frauen erzählten den Männern nun alles. Zuerst staunten diese. Dann lachten sie wie schon lange nicht mehr. Was für ein intrigantes Kaff, sagte Herr Page. Gleichzeitig versuchen nämlich mindestens drei Herren, sich auszutricksen, um mein Ännchen heimführen zu können. Herr Page war nun wieder ernst. Aber weder Herr Fenton noch der Arzt werden es schaffen, rief er. Langfristig gesehen wird mein Ännchen durch den Geldsack des blassen Bürschchens mehr Wonnen erfahren als durch Herrn Fentons renditelose Küsse oder des Arztes französische Liebeskünste. Herrn Pages Freunde nickten. Das war damals so üblich, obwohl jeder eine ganz andere Ansicht hatte. In einer andern Frage waren sich alle sehr schnell einig: sie wollten Herrn Falstaff, weil aller guten Dinge drei sind, auf einen als verzaubert geltenden Platz im Wald locken. Er sollte ein Hirschgeweih tragen und, als Erkennungszeichen, brünstige Schreie ausstoßen. Frau Fluth, die Hirschkuh seiner Sehnsüchte, sollte unter der verzauberten Linde auf ihn warten.

Herr Falstaff war so blöd, daß er sich ohne einen einzigen Hintergedanken ein Hirschgeweih auslieh und mit ihm angetan in den Wald rannte. Er röhrte, so gut er konnte. Er war sicher, daß sein Geweih auf dem Heimweg einem andern gehören würde. Nichts ist schöner als der Glanz in den Augen einer liebenden Frau, rief er in den Wald hinein. Allenfalls noch der Glanz eines goldenen Sovereigns. Ach, als ich ein Jüngling war, gab ich jeden Heller für schöne Frauen aus. Jedoch, Geld und Liebe sind eins, jedes das andere verdoppelnd. Er hüpfte beschwingt in den Wald hinein. Sein Bauch schwappte. Die Sonne ging hinter den flachen Hügeln unter. Abendnebel krochen zwischen den Stämmen der Bäume hindurch. Wind rauschte, und ein großer gelber Mond leuchtete durch die Äste. Herrn Falstaffs Brunstschreie waren scheuer geworden.

Schließlich blieb er stehen. Er zitterte, weil der Wind jetzt so heulte. Hallo, rief er leise. Huhu? Da sah er plötzlich kleine Lichter, die immer näher kamen. Stimmen sangen seltsame Texte. Aus den Büschen wuchsen schwarze Schatten. Aus den Bäumen drangen bedrohliche Laute. Herr Falstaff warf sich zu Boden. Gnade, rief er. Gnade! Er dachte keinen Augenblick lang, daß die sauren Weiber von Windsor und ihre Männer ihre neuste Suppe mit ihm kochen wollten. Alle hüpften um Herrn Falstaff herum und heulten wie in einer Geisterbahn. Niemand sah, daß Ann Page sich mit Herrn Fenton davonmachte und sich in einem Gebüsch vom Pfarrer nottrauen ließ. Der Pfarrer sagte, trotz der ungewöhnlichen Situation, einiges Aufbauendes zu ihnen, aber seines nordwalisischen Dialekts wegen verstanden die beiden Verliebten nichts. Es war ihnen auch egal. Sie hörten das

ferne Toben der Geister und Kobolde, und als sich der Pfarrer endlich entfernt hatte, auch das nicht mehr. Sie küßten sich.

Dann, nach Stunden, ging die Sonne auf, und endlich merkte auch Herr Falstaff, wer die Kobolde waren. Schamüberströmt saß er auf dem nassen Waldboden, neben seinem Geweih. Er fror. Tränen standen in seinen Augen. Weil seine Kleider taufeucht waren und er entsetzlich müde, versprach er, nie mehr auf einer fremden Wiese zu grasen. Er nieste. Alle zusammen zogen nach

Hause, im Morgennebel, eine fremdartige lange Prozession, Männer in weißen Bettlaken, Frauen in durchsichtigen Elfengewändern, und zuhinterst ein dicker gebeugter Mann, der ein Geweih in der rechten Hand hängen ließ, dessen Spitzen manchmal über die Wegsteine schepperten. Blind sah Herr Falstaff auf den Hintern der vor ihm gehenden Elfe, der in den ersten Strahlen der Morgensonne hell leuchtete.

KÖNIG HEINRICH V.

Heinrich v. bescherte sich und seinen Untertanen einige friedliche Jahre: die rebellierenden Adligen waren tot, sein Anspruch auf die Krone war unbestritten, seine Truppen kontrollierten die Handelswege, die Bauern bestellten zum erstenmal in diesem Jahrhundert vertrauensvoll die Felder, und die Schäfer standen endlich wieder mit jener Ruhe, die in Generationen denkt, neben ihren Herden. Eine milde Sonne schien über sie, und gemeinsam mit ihren Schafen rückten sie einem Horizont näher, an dem sie nicht interessierte, was er verbarg. Aber die Kräfte, die einen Herrscher bewegen, sind nicht die der Schäfer, und so zog es Heinrich v., dem die Ruhe im Palast weh tat, immer öfter vor den Kartentisch seines Vaters. Aber er tippte nicht wie dieser mit blinden Augen auf irgendeine Stelle der Erde – das Tote Meer, den Kaukasus, Sizilien –, sondern er starrte unverwandt auf Frankreich, das ferne nahe Frankreich, mit dem seit Jahren ein Krieg schwelte, den alle beinah wieder vergessen hatten. Er nicht. Er haßte den Kontinent, auf dem immer die Sonne schien. Auf dem Gecken lebten, die mit zierlicher Leichtigkeit von der Liebe sprachen und sie zierlich und leicht ausübten. Wo die Bauern in Reimen sprachen. Wo die Kühe Menuette tanzten. Wo der König mit einer Gabel aus einem eigenen Teller aß. Wo die Kaufleute sich ihrer *civilisation* rühmten. Pah. Heinrichs Art war es, klobig herumzugehen und zu sagen, was er dachte. Sein Jagdhund war einem französischen weit überlegen. Ihm schmeckten Rüben besser als Artischocken. Und dann, wie lange würden seine Adligen in ihren Dörfern stillehalten? Besser, er versprach ihnen eine Taube auf dem Dach, bevor sie merkten, daß er noch immer ein Sperling in ihren Händen war.

Seitdem er keine Kneipen mehr besuchte, saß er am liebsten mit Erzbischöfen und Oberrichtern zusammen. Er streckte seine Beine gegen das lodernde Kaminfeuer aus, hielt eine Karte von Frankreich auf seinen Knien und ließ sich erklären, daß er sehr wohl einen Anspruch auf die französische Krone habe. Der Stamm seines Ahnenbaums wachse direkt ins französische Königshaus hinein, wenn auch mit einigen weiblichen Ästen. Na also! sagte Heinrich v. und hob den Kopf. Da liegt der Hase im Pfeffer. Eine Ähnin ist kein Ahn. Neinneinnein, rief der Erzbischof und hob beschwörend das Kreuz und deutete damit auf einen Paragraphen in einem alten Folianten: Neinneinnein! Gerade daß die Advokaten des französischen Königs sich auf die *Lex salica* bezögen – und das täten sie seit Beginn des siebzigjährigen Kriegs –, zeige die Fragwürdigkeit ihrer Argumentation. So, sagte Heinrich und legte neues Holz ins Feuer. Hm. Weiter. Der Erzbischof hüstelte, wechselte einen Blick des Einverständnisses mit dem Oberrichter und sagte: tatsächlich schlösse dieses die Erbfolge der Könige regelnde Papier jede weibliche Erbfolge aus, jedoch sei es *primo* inzwischen tausend Jahre alt, beziehe sich *secundo* auf ein Gebiet zwischen Saale und Memel, wo – und hier lächelte der Erzbischof – kein Franzose auch nur eine Minute freiwillig leben würde, und *tertio* hätten auch die Franzosen immer wieder ein weibliches Erbfolgeglied gebraucht, um die Kette ihrer Kronansprüche aufrechtzuerhalten. So sei messerscharf bewiesen, daß die französische Krone nicht Karl VI., dem die südliche Sonne das Hirn versengt habe, sondern ihm, Heinrich V., dem Herrscher Britanniens, zustünde. Der Erzbischof schwieg, und der Oberrichter nickte. Heinrich V. sah auf die Karte. Plötzlich stand er auf. Wenn das so ist, sagte er laut, dann erobern wir Frankreich. Hängen wir dem Krieg noch ein paar Jahre an. Dann soll der Glanz unsrer Krone über ein Reich leuchten, das seinesgleichen noch nicht gesehen hat. Unsre Jagdhunde werden den *pas de deux* lernen. Unsre Huren werden Madrigale singen. Ich werde zu euch in der langue d'oc und der langue d'œil sprechen. In London wird der Champagner fließen, und die Pariser werden unsre Rüben fressen.

So war wieder Krieg. Wieder verbrachten Frauen und Männer eine letzte Nacht miteinander, verzweifelt ineinander verkrallt oder hilflos nebeneinander wie kalte Steine, bis sie sich auf ewig trennten. Wieder packten Mütter mit weißen Gesichtern Tornister für Söhne, die sie nie mehr sehen sollten. Wieder bestachen feiste Bürschlein königliche Werber mit den Goldstücken ihrer Väter und zerrten Häscher weinende Männer unter Heuhaufen und Hausrat hervor, inmitten verzweifelter Familien. Wieder wurden den Männern die Haare auf soldatische Kürze geschnitten. Wieder übten sie die klassischen Speerangriffe: Speer einlegen, zustoßen, Leiche abstreifen. Wieder wollte kein einziger in den Krieg, und wieder gingen alle. Es war ein Elend, das nur Heinrich V. nicht bemerkte. Für ihn sah es wie ein Triumph aus. Er berechnete die Anmarschzeit auf Paris und ließ sich in einem Steinbruch die neuen Kanonen vorführen, die eine Stadtmauer aus 50 Meter Distanz zu treffen imstande waren.

Auch Heinrichs ehemalige Freunde, die aus Eastcheap, bereiteten sich auf den Krieg vor, den sie, vor ein paar

Jahren, ihrem Saufkumpan in fünf Minuten ausgeredet hätten. Vor allem für den mit dem Rentiergesicht kam dieser Krieg ungelegen: denn er – nicht Falstaff, nicht der Burgunderrote – hatte eben die Wirtin ihres gemeinsamen Gasthofs geheiratet und steckte mitten in herbstlichen aber kundigen Flitterwochen. Ach Scheiße. Schimpfend kroch er aus dem Bett und zog seine Soldatenkleider an. Unten im Hof lärmten schon seine Kameraden. Er ging brummelnd nach unten, aber da so oder so geschieden sein mußte, waren ziemlich bald alle guter Dinge. Sie tranken Brandy aus einer Flasche und lachten und redeten, und alle dachten, wir werden in Frankreich verrecken. Sie dachten, Falstaff, die Sau, schafft es schon wieder. Aber Falstaff lag zu dieser Minute in einem Bett im ersten Stock des Gasthofs, er keuchte und hustete, seine Beine wurden kalt und kälter. Er rief leise um Hilfe, um Liebe. Während unten im Hof seine Freunde lärmten, starb er. Die Wirtin fand ihn einige Minuten später, tot, mit einem grünen Gesicht. Sie rief die Nachricht zum Fenster hinaus. Die Freunde sahen sich an. Sie schulterten ihre Gewehre. Während sie zum Hoftor hinausmarschierten, sprachen sie noch ein bißchen von ihm, dann nie mehr. Stumm marschierten sie über Hügel und Hügel. Manchmal sprach einer von den französischen Weibern, was er mit denen tun werde, aber nicht lange. Sie hatten alle zu viele Kriege erlebt, um so etwas noch glauben zu können.

Einige Wochen später segelte eine ansehnliche Armee

über den Kanal und landete in der Nähe von Harfleur, einer kleinen Handelsstadt an der Küste. Die Bewohner verschlossen verstört die Stadttore und sandten einen Boten nach Paris. Heinrich v. ließ die neuen Kanonen rings um die Stadt aufstellen. Ihr Donnern war schrecklich, und ihre Kugeln ließen den Verputz von den Mauern bröckeln. Als die Bewohner von Harfleur sahen, daß aus Paris keine Hilfe kam, ergaben sie sich. Heinrich v. zog im Triumph in den Marktflecken.

Am Hofe in Paris hörten der König, der Dauphin und die *Ducs* und *Barons* bald darauf die seltsame Mär eines englischen Siegs auf französischem Boden. Niemand verlor deshalb das höfische Maß. Damen und Herren, mit spitzen Hauben und Schnabelschuhen, saßen auf den Vorderkanten zierlicher Stühle und hielten Teetassen in der Hand. Sie spreizten den kleinen Finger ab. An den Wänden brannten Tausende von Kerzen, die sich in meterhohen Spiegeln spiegelten. Der Dauphin, fast noch ein Kind, zeigte mit graziösen Ballettschritten und galanten Hieben, wie er die englischen Köpfe von den Rümpfen zu trennen gedachte. Die Damen applaudierten. Nun wurden alle Männer ganz erregt und holten ihre Rüstungen und Kettenhemden, auf die sie Sterne und Sonnen geklebt hatten. Die Damen strichen mit ihren Fingern vorsichtig darüber. Der Comte de Gentilly zog eine ganze Rüstung an und klirrte darin im Saal auf und ab. Er demonstrierte den Damen den Kopfschutz, den Herzschutz und den Schwanzschutz. Die Damen waren

rot vor einer Erregung, die sich noch steigerte, als ihre Liebhaber Sonette aufzusagen begannen, die die Reize ihrer Pferde priesen, die sie ritten, als wären sie Frauen. Alle sahen sich tief in die Augen. Ach, war das schön, diese Stimmung vor einem blutigen Krieg!

Die Engländer saßen indessen vor Harfleur unter Zeltbahnen, auf die ein ununterbrochener Regen prasselte.

Sie schliefen auf nassem Heu und aßen Suppen aus Kohl und Rüben. Sie froren. Jeden Morgen mußten sie sich im Carré versammeln und einen flammenden Tagesbefehl eines Hauptmanns anhören, der bis zu den Knöcheln im Schlamm stand. *Keep your heads up,* rief er, und alle Waliser, Schotten und Iren sahen sich verständnislos an. Die Hauptleute bekamen rote Köpfe. Wie sollten sie eine soldatische Disziplin durchsetzen, wenn nach jedem Befehl jeder seinen Nachbarn fragte, was denn schon wieder los sei?

Es war, als ob ein Ozean vom Himmel stürzte. Die Soldaten bekamen gelbe Häute zwischen Fingern und Zehen, und die Suppen in ihren Näpfen wurden beim Essen nie leerer, nur dünner. Freunde brachten sich gegenseitig um wegen nichts. Da Heinrich v. immer noch dachte, er kenne sich mit einfachen Menschen aus, verkleidete er sich, zum erstenmal wieder seit seiner Kneipenzeit, und ging unerkannt von Unterstand zu Unterstand. Er hörte die Wahrheit. Er war der einzige, der den König lobte.

Am französischen Hof hatte man inzwischen begriffen, daß die Engländer nicht nur in heroischen Sonetten vorkamen, sondern wirklich in Fleisch und Blut ein paar hundert Meilen von Paris entfernt. Der Dauphin schickte deshalb einen Boten von hohem Adel zu Heinrich. Er rauschte wie ein Komet durch das verschlammte Lager der Engländer und sprach Worte wie ein Erzengel. Die Engländer starrten ihn an. So etwas hatten sie noch nie gesehen. Heinrich faßte sich als erster und sagte, in der Tat, nobler Feind, wir sind naß und haben Hunger und frieren, aber wisse, ein Brite schafft auch in diesem Zustand zehn welsche Ritter. Die Stirn des silberglänzenden französischen Boten umwölkte sich, er zupfte an seinen Handschuhen, dann bestieg er seinen Rappen und ritt, in einem unnachahmlichen Stil, über die Auen davon.

In Paris freute sich nun der ganze Hof auf die unerwartete Abwechslung. Alle riefen sich *Hello* und *How are you this morning* zu, während sie ihre Schwerter ölten. Aus den Waffenschmieden dröhnte ein ununterbrochenes Gelächter. Sogar Catherine, die junge Tochter des Königs, lernte mit ihrer Gouvernante zum Spaß einige Wörter Englisch, *the hand, the arm, the foot.* Genug für heute, rief Catherine. Diese Engländer sollen zuerst einmal kommen. Dann sehen wir ja, ob wir diese grobe Sprache weiter lernen müssen.

Inzwischen waren die Heere vor Agincourt aufmarschiert. Die Engländer waren noch immer naß, und die Disziplin drohte auseinanderzubrechen, und der mit dem burgunderroten Gesicht, unser Freund, wurde, weil er aus einer Kapelle eine Monstranz gestohlen hatte, an einem Baum aufgehängt. Da hing er, tot. Heinrich v., auf dem Weg zu einer Truppeninspektion, erkannte ihn nicht, als er an ihm vorbeiging. Er dachte, daß es vorgekommen sei, daß ein Eber fünf Pumas in die Flucht geschlagen habe. Denn seine Späher hatten ihm gemeldet, daß auf jeden Engländer fünf Franzosen kommen würden.

Sie seien trocken und ausgeruht und machten Witze. Heinrich v. strich sich nachdenklich über die Stirn. Er hörte, vom andern Ende des unendlichen Feldes her, das leise Klirren von Rüstungen.

Dann kam die Nacht, in der niemand schlief, und in der ersten Dämmerung stampften die Engländer über das Schlachtfeld und sahen auf die näher kommenden Metallungetüme vor sich. Sie zitterten vor Angst, aber dann hieben sie sie von den Gäulen und stachen sie durch die Atemschlitze tot. Sie hielten sich nicht an die ritterlichen Schlag- und Stechregeln, sondern droschen drauflos. Herzog um Herzog fiel in den Dreck. Niemand hatte mit dieser britischen Unfairness gerechnet. Es starben auch Engländer. Dem mit dem Rentiergesicht wurde der Schädel gespalten. So waren, von niemandem als von uns bemerkt, alle tot, die wir liebten.

Die Heere kämpften den ganzen Tag über. Heinrich eilte von Trupp zu Trupp. Er ließ, als die Franzosen die Feldküchen angriffen und ein paar Küchenburschen umbrachten, allen Kriegsgefangenen die Kehle durchschneiden. Endlich stoben die Franzosen davon. Es gab für ihre Niederlage keine Erklärung. Sie hatten genau nach den Ritterregeln gekämpft. Trotzdem lagen sie nun mit zermatschten Köpfen übereinander.

Die Engländer tanzten auf dem Schlachtfeld herum. Dann bildeten sie einen langen Prozessionszug und zogen, vorne der König und der Erzbischof, durch das Städtchen Agincourt, bis zur Dorfkirche. Sie sangen ein *Te deum,* das ziemlich englisch klang. Dann, während seine Leute das Schlachtfeld aufräumten und strategisch wichtige Brücken besetzten, eilte Heinrich zur Küste zurück, schiffte sich ein, zog im Triumph nach London, ließ eine Messe in der Westminsterabbey lesen, eilte zur Küste zurück, schiffte sich wieder ein und war nur einen Monat später in Troyes, wo ihn der französische König mit der Kapitulationsurkunde erwartete. Trompeten erschallten, als Heinrich v., nun Herrscher über halb Europa, den Thronsaal betrat. Der französische König, seine Frau, seine Tochter, die Berater standen eng aneinandergedrängt in einer Ecke. Heinrich v. und Karl vi. wechselten ein paar höfliche Worte, die von Dolmetschern übersetzt wurden. Karl vi. unterschrieb. Dann faßte Heinrich die hübsche Catherine bei der Hand und redete, ohne Dolmetscher, lange auf sie ein. Catherine sah zu ihm auf, rot und weiß werdend. Sie verstand kein Wort, aber als Heinrich sie plötzlich am Hintern faßte, gegen sich drückte und küßte, dachte sie, er will, daß wir beide in einander verschmelzen wie unsre Länder. Er meine Insel, ich sein Kontinent. Sie lächelte Heinrich an. Ihr Vater lächelte und gab dem Brautpaar seinen Segen. Die Brautmutter weinte. Sieger und Besiegte gingen zu einem Bankett, bei dem der Champagner in Strömen floß. Heinrich aß eine Artischocke nach der andern. Gegen Schluß des Essens beugte sich Catherine an sein Ohr und sagte, ich kann ein paar englische Wörter, *the hand, the arm, the foot*. Sie errötete und sah Heinrich tief in die

Augen. Dieser legte seinen Arm um ihre Schulter und sagte laut: *Sche fuus ääm.* Alle applaudierten. Heinrich stand auf und verbeugte sich. Er dachte in diesem Augenblick, daß sein Leben gerade erst begonnen habe. Er wußte nicht, daß ihm kaum noch zwei Jahre blieben, daß der Krieg, den er gewonnen glaubte, ein hundertjähriger und daß England dann wieder so groß oder klein wie zuvor sein würde.

KÖNIG HEINRICH VI.

1. TEIL

Es wäre eine Erde denkbar, die von Kindern regiert wäre – aber bis heute hat es nie ein Kind gegeben, das hätte verhindern können, daß die Großen, sagen wir, alle Wälder in kreischende Sägewerke verwandelten, nie auch nur einen Knecht, der einen Herrn zum Beispiel davon abgehalten hätte, die singenden Vögel in großen Netzen zu fangen, nie allerdings auch einen Alten, der, warum nicht?, erreicht hätte, daß die Kinder nicht mitten durch seine Spargelbeete schlurften, und nie sogar einen Herrscher, dessen Untertanen nicht fühllos durch die Rosenbeete der Macht gestampft wären. Da konnten Kinder und Knechte lange reden, Alte und Herrscher lange drohen. Es half auch nichts, daß einmal ein großes Wasser alle ertränkte, die, die übrigblieben, verwendeten den Uferschlamm der versickernden Meere, um neue Straßen durch Wälder, in deren Bäumen Fische zuckten, zu pflastern. Heute ist – Jahrtausende nach der ersten Flut – die Erde von der Herde der Menschen so plattgetrampelt, daß sie jene Scheibe geworden ist, von der die Alten von Anfang an sprachen. Damals dachten die Alten, die Erde ist ein Fladen, und wessen Zeit um ist, der wird über ihren Rand hinausgedrängt. Nur die Götter waren unsterblich und sind es heute noch. Die Menschen, wenn sie Kinder sind, möchten so mächtig und prächtig wie die Greise werden, und wenn sie es geworden sind, wird ihnen die Kürze der verbleibenden Zeit so jäh bewußt, daß sie in panischer Wut ihren Erdeteil kurz und klein schlagen. Wäre der selbstverständliche

Anspruch der Götter und Kinder erfüllt, die Unsterblichkeit, alle müßten sich zweimal überlegen, was sie täten. Dann lebten Zehntausendjährige neben Zweijährigen und teilten in zärtlicher Rücksicht Äpfel und Birnen. Jeder wäre eines jeden Vernunft. Aber da die Menschen verdorren und verrecken, sind sie frei, solange sie leben, und alle nutzen ihre Freiheit, und wenn sie sie nicht nutzen können, weil sie zu schwach sind oder zu blöd, dann sehen sie mit aufgerissenen Augen einem uralten Machthaber in einem steinernen Palast zu, wie dieser seine Holzfäller durchs Land schickt und kaum aufhören will zu leben, bis sein Haus birst vor Glanz. Auf dem Totenbett wird er sein goldenes Beil einem Nachfolger in die Hand drücken, einem grau gewordenen Kind, das schon Jahrzehnte in die Pracht der Macht gestarrt hat. Dieses schließt die toten Augen des toten Tyrannen, aufheulend vor Zerstörungslust – endlich, endlich, endlich! –, und vor seinem Palast stehend hunderttausend Kinder und Knechte, die beben vor Angst, es könnte kein neuer Prunkmensch auf die Terrasse treten, denn was geschähe mit ihnen, dem Volk, ohne die Führung eines kraftvollen Herrn?

Heinrich v., der zweite König aus dem Haus Lancaster, starb 1422, ganze zwei Jahre, nachdem er Frankreich kurz und klein gehauen, die Tochter des besiegten Rivalen geheiratet und mit ihr ein Kind gezeugt hatte. Noch immer war sein Weg von Harfleur nach Paris eine einzige Brandspur. Noch immer lagen die Schädel der Soldaten an Wegkreuzungen aufgeschichtet und spielten Kinder in ausgebrannten Dörfern Kopfabschlagen und Aufhängen. Noch immer sprachen alle englischen Adligen von den gemeinsamen Ruhmestaten. Nun aber lag der König, der den letzten Hochmoorbaron zu einem Lancasterfreund gemacht hatte, in einem Glassarg, ein junger Muskelmann mit einem schwarzen Bart. Hinter seinem Sarg stand sein Sohn, Heinrich, die Augen auf der Höhe des Sargrands, und sah staunend auf den starren Vater und auf Damen in wallenden Trauerkleidern und Herren mit Rüschenkrägen, die eine ungeheure Kathedrale füllten. Ein riesenhafter Chor sang donnernde Todesgesänge. Überall brannten Kerzen, und ein hagerer Mann in einem Purpurgewand schwenkte einen rauchenden Kessel hin und her und sprach und sprach. Heinrich stellte sich auf die Zehenspitzen, um alles genau zu sehen. Er wollte möglichst schnell groß werden. Zwischen zwei uralten Männern mit weißen Perücken sah er seine Mutter, die, wie er, von der Predigt des Bischofs von Winchester kein Wort verstand – wo die Hand des Erdenherrschers eine schmächtige ist, da soll sein Gottes Faust um so gewaltiger –, denn die Wörter, die ihr Mann ihr in den paar Monaten ihrer Liebe ins Ohr geflüstert hatte, waren *the mouth, the bosom, the foot* gewesen. Als sie sah, daß ihr Kind, ihr winziger Heinrich, in seinem schwarzen Samtkleid hinter dem Sarg, ihr zuwinkte, lächelte sie. Dann starrte sie wieder vor sich hin. Heinrich sah erstaunt auf einen der alten Herren, den Herzog von

Gloucester, der plötzlich aufsprang und den predigenden Bischof anbrüllte. Alle Adeligen Englands reckten die Köpfe. Heinrich versuchte zu verstehen, was sie sagten – der Chor sang schmetternd –, aber er verstand nur Wörter wie Machthunger, Kirche, Anmaßung, Regentschaft – Wörter, die er nicht verstand. Er sah, wie plötzlich ein staubiger Soldat in die Kirche geritten kam und rief, Herr, Herzog, unser Frankreich steht in Flammen, Rouen und Paris sind in Gefahr, Charles, der lächerliche Dauphin, der Bruder unsrer edlen Catherine, hat sich in Reims zum König krönen lassen, zum König von Frankreich, das doch uns gehört, und Talbot, unser heldischer Anführer, ist gefangen. Eine wilde Aufregung bemächtigte sich der Trauergemeinde. Alle holten ihre Degen unter den schwarzen Roben hervor und stürmten zur Kirchentür hinaus. Stühle und Bänke fielen um, der Chor stob kreischend auseinander, und die Priester retteten sich und ihre Goldkübel in die Sakristei. Allein, mit offenen Mündern, standen Catherine und ihr Sohn neben dem Sarg Heinrichs v., die Witwe, die nur französisch, und der Thronfolger, der gar nicht sprechen konnte.

Während die Trauergemeinde degenschwingend dem Kanal zuhetzte, traf Charles, der selbsternannte *roy de France,* vor Orléans ein, das seine Truppen seit Monaten belagerten. Er befahl sofort den Abzug: Orléans ist uneinnehmbar, denn *wir* haben die Stadtmauern gebaut, und kann nicht ausgehungert werden, denn die Engländer essen Amseleier und Kuhscheiße. Auf! Da trat der Herzog von Anjou auf ihn zu. Sire, sagte er. Es gibt da eine junge Frau, die Tochter eines Schweinehirten (König Charles hielt sich die Nase zu vor Schreck), sie kennt jede Vergangenheit, jede Gegenwart, jede Zukunft. Sie möchte Euch sprechen. Charles, ein junger Mann mit einem Flaumbart, lachte, ja sollen wir zusammen Säue hüten?, dann seufzte er und sagte, nun denn, soll sie kommen, die Teufelin. Schnell gab er seinen Goldmantel und das Szepter dem Herzog von Anjou und stellte sich in dessen Rock neben Margarete, dessen Tochter, ein nettes junges Mädchen. Die Schweinehirtin wurde herbeigeführt. Sie war schlank und hatte Augen wie glühende Kohlen. Sie schob, ohne eine Sekunde irre zu werden, den falschen König beiseite und trat auf den richtigen zu. Sire, sagte sie. Ich heiße Jeanne, ich bin die Geißel Englands, gib mir die Möglichkeit, Frankreich zu befreien. Charles sah in ihre Augen, und einen Augenblick lang war Jeanne die Königin und er der Sauhirt. Gott, was für eine Frau. Dann gab er sich einen Ruck und sagte, braves Kind vom Land, wir wollen dich wohlwollend prüfen. Nimm diesen Degen. Tu einige Verteidigungsschläge. Der König und die Schweinehirtin fochten zur Probe. Nach zehn Sekunden lag der Degen des Königs im Dreck. Jeanne lächelte. Charles hob puterrot seinen Degen auf – Schweinekot klebte an Gold und Edelsteinen – und sagte, es sei, ich gebe dir alle Vollmachten, befreie Orléans. Er trat nahe zu ihr und murmelte, Jeanne, du hast nicht nur meine Kraft und

meinen Verstand, sondern auch meine Sinne besiegt. Ich liebe dich. Jeanne nickte. Ich weiß, sagte sie. Aber ich darf nicht lieben, bevor ich nicht die Engländer besiegt habe. Sie sah ihren König lange an und strich mit ihren Fingerspitzen über seinen Handrücken. Charles erschauerte. Was glotzt ihr? schrie er seine Edelleute an. Noch nie einen König gesehen, der mit einer Sauhirtin spricht? (In steifen Samtkleidern hüpfte indessen der kleine Heinrich im Palasthof auf und ab. Er warf einen Stein in mit Kreide vorgezeichnete Quadrate und sprang mit Grätschschritten zwischen Himmel und Hölle hin und her. Er sprang, so hoch er konnte, und stand dann bolzgerade. Er sah auf seinen Schatten, wie er wuchs. Aus den Augenwinkeln beobachtete er den Herzog von Gloucester und den Bischof von Winchester, die auf der großen Treppe standen und sich anbrüllten. Ich werde euch lehren, mich auszusperren, brüllte der Herzog, ich bin der Regent. Gott sei euch armem Schaf gnädig, sprach der Bischof. Die beiden wären handgemein geworden, wenn die Palastwache sie nicht getrennt hätte. Nachdenklich sprang Heinrich noch stundenlang zwischen Himmel und Hölle hin und her, ohne die Rätsel seiner Welt lösen zu können.)

Und schon flog Jeanne in die Schlacht, gefolgt von jubelnden Soldaten, die ihre Augen nicht von ihrem Rükken wenden konnten. Alle sangen, während sie auf die Stadtmauern losstürmten, und schossen auf jeden, der über die Brustwehr lugte, und mit dem ersten Schuß wurde dem Kommandanten der Stadt der Kopf weggerissen, und die Flügel der Tore brachen und die Soldaten strömten in die Stadt und schlugen alles kurz und klein, und Talbot, der Held, der gerade erst wieder freigekommen war, rannte wie ein Hase über Wege und Wehren, sonst hätte ihn Jeanne, die focht wie ein Dämon, abgestochen. Strahlend stand sie auf der Stadtmauer und riß ihren Panzer von der Brust und badete im Jubel ihrer Soldaten. Sieg! Sie stieg von der Mauer hinunter und ging auf ihren König zu. Feiert, Soldaten, rief dieser. Dies ist der schönste Tag in meinem Leben. Die Soldaten stellten Tische auf die Straßen und rollten Weinfässer übers Pflaster. Trommler und Trompeter spielten Tanzweisen, und langsam getrauten sich auch die Bewohner und Bewohnerinnen aus den Häusern, und jede Frau tanzte mit einem Befreier. Die Edlen zogen sich in den Stadtpalast zurück. Draußen, auf den nassen Feldern, hörten die Engländer das Singen der Feinde, sie froren und wurden immer wütender, und als das Grölen auch nach Mitternacht nicht aufhören wollte, stellten sie Leitern an die Mauern – tatsächlich waren die Wachen betrunken – und schlugen alle tot, die nicht schnell genug von ihren Tischen aufstanden. Alle sahen, wie Charles und Jeanne über die Dächer des Stadtpalastes flohen, über die Stadtmauern, in die schwarzen Felder hinein. Charles trug einen Bademantel, und Jeanne war barfuß und hatte sich ein Leintuch über die Schultern geworfen. (Der Thronfolger, Heinrich, stand indessen mit einem Reifen in der Hand hinter einem Rosenbusch, machte sich ganz klein und spitzte die Ohren, denn jenseits der Rosen standen der Graf von Somerset und Richard Plantagenet und viele Männer, und jeder schrie: Ich, ich, ich. Heinrich verstand nicht, was die Ichs begehrten, aber plötzlich riß Richard Plantagenet eine weiße Rose aus dem Busch und der Graf von Somerset eine rote. Heinrich erschrak und duckte sich noch mehr. Er sah, durch das dichte Geäst, daß die Männer zögerten, aber dann pflückten auch sie eine Rose, eine weiße oder eine rote. Dann stürzten alle blutrot, kreideweiß davon. Heinrich sah auf die Rosen im Busch. Alle waren schön. Er zuckte die Schultern und trieb seinen Goldreifen durch den Hof, zu seiner Mutter, die fröstelnd in der Mittagshitze saß und einen französischen Liebesroman las, in dem galante Ritter die Rosen von zarten Prinzessinnen küßten, daß diesen die Sinne schwanden. Später, als Heinrich längst König geworden war und es schon nicht mehr sein wollte, wurde ihm jäh bewußt, daß er da seine Mutter zum letztenmal gesehen hatte. Sie verschwand, als sei sie in ihren Roman hineingegangen.)

Richard Plantagenet eilte, mit seiner weißen Rose im Knopfloch, in den Tower, das bestbewachte Gefängnis der Welt, eine Isolierburg aus meterdicken Mauern, die er, wir wissen nicht wie, betrat, durch deren Korridore er ungesehen schritt, deren Verbindungstüren zwischen den einzelnen Flügeln sich ihm geheimnisvoll öffneten, bis er beim gefährlichsten Gefangenen des Königreichs war, dem uralten Mortimer. Sein Vater war für den gleichen Gang – er hatte Mortimer befreien wollen – geköpft worden. Richard, lieber Richard, sagte Mortimer mit einer brechenden Stimme, schlohweiß auf einer Strohpritsche hockend. Was für eine Überraschung. Wie kommt es, daß mich, einmal pro Generation, ein York besuchen kommt? Richard Plantagenet lächelte. Onkel, sagte er. Du hast dein Leben im Kerker verbracht, weil du es auf dem Thron verbringen wolltest. Was sind meine Ansprüche? Mortimer strich sich mit der Hand über die Stirn. Das ist lange her, sagte er. Heinrich, der vierte Heinrich, hat sich auf *meinen* Thron gesetzt, erinnerst du dich? Das Morden und Metzeln? Aber der Thron gehört den Yorks, mir und dir, nicht den Lancasterlumpen, auch wenn wir jetzt titel- und besitzlos sind. Richard Plantagenet nickte. Wie soll ichs anfangen, Onkel? Leise, sagte dieser. Das neue Kind ist schwach. Es versteht nichts. Schweig. Sag nichts. Tu nichts. Wie leicht wird man, nicht alle haben das gleiche Glück wie ich, geköpft. Richard Plantagenet sah auf seinen greisen Uronkel, der umsackte und starb. Richard schloß ihm die Augen und ging aus der Zelle, durch die Korridore, durch einen Ausgang, an dem die Wächter, weshalb auch immer, mit geschlossenen Augen saßen. (Heinrich, der Thronfolger, preßte indessen sein Blut in seinen Kopf und hängte seine Arme an Teppichstangen, um schneller zu wachsen. Er sah überall hin, um zu begreifen. Er übte königliche Sätze, wenn er in seinem Spielzimmer war. Er herrschte seine Teddybären an. Den Kreisel peitschte er mit Würde. Er hüpfte vornehm. Er stahl in der Speisekammer keine Süßigkeiten mehr, er nahm sie. Er stellte sich, wenn ihn niemand sah, mit einer Krone aus Papier in die Sonne und sah auf seinen Schatten. Als dann einmal im Thronsaal der Bischof von Winchester dem Herzog von Gloucester ein Pergament mit Bändern und Siegeln aus der

Hand riß und es zerfetzte, ging er auf beide zu – keiner hatte seine Anwesenheit bemerkt – und rief, hier spricht euer König, Schluß mit dem Streit. Da stand er, mit sei-

nem Kreiselstab, den er wie ein Szepter hielt, und dem Kreisel, einem Reichsapfel aus Holz. Er hatte große Kulleraugen. Der Herzog von Gloucester strich ihm über den Kopf und sagte, es hat recht, unser Prinzchen. Der Bischof schwieg. Richard Plantagenet trat aus einer dunklen Ecke hinzu und sagte, Herr, junger Herr, ich bitte um meine angestammten Rechte, ich will Herzog von York sein, wie es mir gebührt. Heinrich reckte sich in die Höhe und sagte mit einer Klingelstimme, wir, Heinrich, gewähren dir, Richard, alles. Die Höflinge wußten nicht recht, sollten sie nun lachen oder den Saum der prinzlichen Spielschürze küssen. Gloucester sagte lächelnd, ich sehe, kleiner Herr, die Tage meiner Regentschaft sind gezählt. Ich bin froh darüber. Geh nach Frankreich und laß dich krönen, Kind, und dann greife durch, König, denn unsre Länder brauchen einen zürnenden Vater. Heinrich stemmte seine Händchen in die Hüften und entließ die Edlen mit einem Kopfnicken. Als er in sein Spielzimmer zurückging, trieb er seinen Kreisel vor sich her.)

Inzwischen waren Jeanne und Charles nach Rouen gezogen. Wieder ging alles wie zuvor: Jeanne – diesmal als Bäuerin verkleidet – eroberte die Stadt und trieb die Engländer, wiederum Talbot als letzten, über die Stadtmauern. Wieder hörten die Engländer die feiernden Franzosen. Wieder griffen sie in derselben Nacht an, und wieder eroberten sie die Stadt zurück, denn erneut hatte Jeanne ihre Rüstung ausgezogen und war wehrlos. Wieder flohen sie und Charles in die dunklen Wiesen hinaus. Charles weinte. Deinen Siegen des Tages, stammelte er, folgen meine Niederlagen der Nacht. Jeanne küßte ihn auf die Wange. Es wird schon werden.

Sie versteckte sich in einem Gebüsch längs der Straße nach Paris, und als die Heere Talbots und des Herzogs von Burgund (beide wollten der Krönung des kleinen Heinrich beiwohnen) vorbeizogen, vorne das Talbots, hinten das des Herzogs von Burgund, ließ sie Talbot vorbeireiten und bog dann die Zweige vor dem Herzog auseinander und machte Ssst, und der Herzog sah sie und fiel aus dem Sattel und gelobte, in ihren Augen ertrinkend, ab sofort auf Frankreichs Seite zu kämpfen. Jeanne küßte ihn. Talbot, die Augen nach dem fernen Paris gerichtet, bemerkte nicht, daß hinter ihm sein halbes Heer rechtsumkehrt machte. Er betrat die Kathedrale von Notre Dame und setzte sich unter die Edlen Englands, die sich, während ein Chor eine donnernde Krönungsmesse begann, zischelnd stritten. Heinrich saß in einem Goldkleid auf einem hohen Thron vor dem Altar, mit baumelnden Beinen. Er sah auf die sich bewegenden Münder seiner Vasallen. Ungeduldig trommelte er mit seinen Fingern auf die Thronlehne, während der Bischof von Winchester, der ein Kardinalsgewand trug, sprach und sprach. Endlich setzte dieser ihm die Krone auf den Kopf und gab ihm das Szepter und den Reichsapfel, und er sprang vom Thron herab und zu den Vasallen hin und rief mit einer Glockenstimme, Edle, dies sind Szepter, Apfel und Krone: was geht hier vor? Der Herzog von Somerset und Richard Plantagenet erklärten ihm alles, gleichzeitig sprechend. Wieder verstand Heinrich kein Wort. Er wiegte seinen schweren Kopf hin und her und ernannte Richard Plantagenet zum Regenten von Frankreich – du siehst, ich schätze deinen Rat –, bestätigte die Würde des Kardinals – das hast du gut gemacht, diese Krönung – und lächelte dem Herzog von Somerset zu – es ist schön, daß du Blumen magst –, griff in eine Vase und steckte sich eine rote Rose ins Knopfloch. Richard Plantagenet wurde bleich. Ein Raunen ging durch die Kathedrale, als er, ein tausendjahrealter Zwerg, über den roten Teppich dem Ausgang zu schritt. Glocken donnerten. Rätselratend, wie der junge König das mit der roten Rose gemeint habe, zogen alle Adligen zum Krönungsessen, aber auch der Herzog von Gloucester, Heinrichs Tischnachbar, konnte nichts Näheres in Erfahrung bringen, denn König Heinrich VI. war nach der Suppe eingeschlafen, mit dem Daumen im Mund.

Talbot, Richard Plantagenet und der Graf von Somerset hielten sich nicht mit Feiern auf. Jeder zog mit seinem Heeresteil los, nach Norden, nach Westen und Süden. Jeanne und Charles stürzten sich auf Talbots zusammengeschmolzenes Heer wie auf eine todwunde Beute. Talbot schrie um Hilfe. Aber Richard Plantagenet sagte, er könne nicht kommen, wenn Somerset nicht komme, und Somerset sagte, er helfe Talbot nicht, wenn Richard Plantagenet nicht helfe, und so kam es, daß Talbot hilflos in der Stadt Bourdeaux eingekesselt war. Ringsum standen hunderttausend gleißende Franzosen und Burgunder. Er verabschiedete sich von seinem Sohn, und beide gingen in den Tod. Kein Engländer überlebte die Schlacht, und in der Nacht, die diesem Sieg folgte, drang niemand in das Haus ein, in dem Jeanne und Charles ruhten. (König Heinrich VI. war wieder nach London zurückgekehrt. Er ging in den Palastkorridoren auf und ab, denn kreiseln und reifenspielen wollte er nicht mehr. Er hüpfte nur noch, wenn ihm niemand zusah. Er versuchte, seine Stimme brechen zu lassen, aber sie blieb hoch wie die einer Lerche. Nur sein Schädel wurde immer größer. Jeden Nachmittag setzte er sich auf seinen Thron und hörte den Berichten des Herzogs von Gloucester zu. Frankreich geht verloren, aha. Talbot ist tot, armer Talbot. Somerset und Plantagenet tun nichts, wieso? Junger Herrscher, sagte der Herzog von Gloucester schließlich verzweifelt, der Graf von Armagnac, der Vetter des illegalen Königs von Frankreich, bietet dir seine Tochter zur Ehe an. Zur Ehe? sagte Heinrich VI. Nun ja, sagte der verzweifelte Herzog, natürlich bist du etwas jung, aber wir würden auf diesem Weg wenigstens einen Teil Frankreichs retten. Heinrich VI. nickte. Diese Braut, sagte er, ist immerhin aus demselben Land wie meine Mami.)

Der Krieg, der jetzt schon beinahe hundert Jahre alt war, schien entschieden. Plötzlich aber hatte Jeanne ihre Kraft eingebüßt. Sie wußte es, als sie aufstand nach der Nacht nach dem Sieg von Rouen. Sie stand stundenlang auf dem Balkon des Stadtpalastes und spürte, sie war nur noch ein schwaches Mädchen. Sie versuchte, die Soldaten auf der Straße unten zu verzaubern, aber diese sahen nicht einmal zu ihr herauf. Sie rief nach ihren Geistern, aber keine kamen. Sie ließ sich nichts anmerken. Mit blinden Augen und verstopften Ohren stürzte sie sich in die nächste Schlacht, aber jetzt focht sie wie ein Bauerntrampel und wurde sofort gefangengenommen und

Richard Plantagenet vorgeführt. Sie sah ihm tief in die Augen, mit aller Kraft. Richard Plantagenet lächelte. Mädchen, sagte er lächelnd, ich fürchte, wir werden dich verbrennen müssen. Jeanne wurde weiß und rot. Ich bin schwanger, schrie sie. Das dürft ihr nicht. Schwanger von Charles, dem rechtmäßigen König dieses Landes. So? sagte Richard Plantagenet. Nein, schrie Jeanne. Vom Herzog von Alençon. Aha, sagte Richard Plantagenet. Nein, schrie Jeanne. Vom Herzog von Anjou. Interessant, sagte Richard Plantagenet. Da trat ein alter Bauer vor. Jeanne, sagte er mit Tränen in den Augen, was machst du für Sachen. Ich kenne dich nicht, schrie Jeanne. Ich bins, dein Vater, sagte der alte Bauer. Weißt du nicht mehr, wie wir im Gras der Weide saßen? Nein, schrie Jeanne. Ich bin die Geißel Englands, die Braut des Königs, die Braut Gottes. Der alte Bauer, ihr Vater, ging schluchzend aus dem Lager. Unter dem Tor drehte er sich um und schrie, verbrennt sie, die Hexe.

Auch der Graf von Suffolk, der sich bis dahin im Machtstreit der Adligen nicht hervorgetan und seine rote Rose versteckt in der Rocktasche getragen hatte, machte, unbeachtet von den andern, eine Gefangene: Margarete, die Tochter des Herzogs von Anjou. Nie hatte er eine schönere Frau gesehen. Er entbrannte in Liebe zu ihr. Er trat auf sie zu (alle andern scharten sich um Richard Plantagenet und Jeanne) und sagte, junge Herzogin, wollt Ihr in mir Euren Beschützer sehen? Ich will meinen König überzeugen – o wie liebreizend seid Ihr! –, Euch zur

Frau zu nehmen. Wollt Ihr das? Margarete nickte. Sie dachte, dies ist ein Weg wie ein anderer, aus dieser Gefangenschaft herauszukommen. Der Graf von Suffolk dachte, der König ist ja noch ein Kind, was schätzt der schon an einer Frau, er wird tagsüber mit ihr spielen und ich nachtsüber, und durch die Königin werde ich den König beherrschen, ohne daß jemand ahnt, wer der wahre Herrscher Englands ist. O Margarete. O Macht. Der Graf von Suffolk küßte Margaretes Hand und reiste ab. In London schilderte er dem König – dieser klebte sich nun Wimpernhaare auf die Oberlippe und sprach mit einer Art Brummstimme – die neue Braut in so glühenden Farben, daß dieser vergaß, daß er schon einer andern sein Jawort gegeben hatte. Geh hin nach Frankreich, Suffolk, sagte er, und bring mir diese Spielgefährtin. Ich bin ja jetzt erwachsen, oder?

KÖNIG HEINRICH VI.

2. TEIL

Und so saß also König Heinrich VI. auf seinem Thron, zerknüllte mit seinen Händchen ein Taschentuch, rückte die Krone auf seinem Schädel zurecht, strich mit den Fingern über seine steife Leinenrüsche, an der Süßholzreste klebten, über sein Goldwams, seine kurzen Silberhosen, seine weißen Strümpfe, schlug die Absätze seiner Schnallenschuhe gegeneinander und starrte schweißnaß auf die Tür des Thronsaals, durch die, am Arm des Grafen von Suffolk, Margarete von Anjou trat, seine Braut, seine Frau, so daß Heinrich puterrot von seinem Thron herunterrutschte und über die Steinfliesen trippelte und sich vor Margarete verneigte, und hinter ihm verneigten sich alle Edlen Englands. Margarete war schön: älter als Heinrich – kein Kind mehr –, mit rotblonden Haaren, die weit über ihren Rücken herabhingen, einem Engelsgesicht, blauen Augen, einem Mund mit weißen Zähnen, einer Brust, die sich vor Heinrichs Augen hob und senkte, und einer Taille, von der eine samtrote Stoffülle zum Boden herabwallte. Heinrich küßte ihre Hand, und sie sah lächelnd auf ihn herunter. Willkommen, Königin, ich schenke Eurem Vater die Herzogtümer Anjou und Maine. Margarete neigte den Kopf, und Heinrich wandte sich seinen Getreuen zu. Dich, lieber Suffolk, mache ich zum Herzog. Dich, teurer York, entbinde ich von der Regentschaft in Frankreich, danke, die ich dir, geschätzter Somerset, übertrage. Bitte. Du, einziger Gloucester, getreuer Onkel, führe weiterhin meine Geschäfte in meinem Reich, denn niemand kennt und respektiert das königliche Recht wie du. Du, Kardinal, lebe weiterhin in Gottes Hand. Und jetzt will ich meine Gattin kennenlernen, auf daß uns niemand störe. Heinrich zog Margarete aus dem Thronsaal, und alle Edlen Englands verbeugten sich und verharrten, die Nasen am Boden, stumm und ohne sich zu rühren, bis die Tür hinter dem königlichen Paar ins Schloß gefallen war.

Sofort schossen alle Körper in die Höhe, und eines jeden Zunge – keiner hörte dem andern zu – wurde die Verräterin der geheimsten Träume. Keiner mehr konnte dem Druck seiner Hoffnungen standhalten. Der Herzog von Gloucester rief, welch ein Land, in dem der König sein eigenes Recht bricht, er hat einer andern seine Hand versprochen; der Herzog von York, was für eine Welt, in der der König seine Länder einer Kirchenmaus nachwirft und sein Berater – die Hand des Herzogs von Suffolk fuhr an den Degen – dem König hinten hineinkriecht und der Königin vorne; der Graf von Salisbury, was für eine Zeit, wofür eigentlich habe ich in Anjou Kopf und Kragen riskiert?; der Graf von Warwick, wofür ich in Maine?; Suffolk – seine Zähne waren so ineinander verbissen, daß er zischte statt sprach –, wieso eigentlich maßt sich Gloucester noch immer an, an Stelle des Königs zu regieren?; und der Kardinal von Winchester, Gloucester will doch selbst auf den Thron, das will doch jeder, die Lancasters sind am Ende, aber was, wenn Heinrich VI. seiner Margarete ein Kind macht? Alle die gleichzeitig redenden Edlen Englands verstummten und sahen nach oben, da wo die Schlafgemächer des Königs waren, und grinsten mit roten Köpfen – das war doch nicht möglich, der kindische Heinrich auf dieser Frau – und stürzten aus dem Saal, jeder durch eine andere Tür, in eine andere Richtung, und hingen wieder ihren Träumen nach, in denen abgeschlagene Köpfe und zerbrochene Lanzen vorkamen, auf denen die Köpfe des Königs und ihrer Rivalen steckten und manchmal ihre eigenen, und keiner kannte die Träume der andern und noch weniger die der Frauen, denn diese träumten auch, und wie, Margarete zum Beispiel – neben ihr schlief der nackte kleine König mit seinem Daumen im Mund –, daß sie in edelsteinübergossener Blöße auf einem hohen Berg sitze und unter ihr Herzöge und Herzöginnen kröchen und ihr die Zehen leckten, die Herzogin von Gloucester dagegen – ihr Mann vermutete keinen Gedanken hinter ihrer blassen Stirn –, daß sie in einem Goldregen über die hochgereckten Hintern aller Adligen Englands schreite, eine applausumtoste Majestät. Und als sie aufwachte, die Herzogin, war sie

von ihrem Traum so aufgewühlt, daß sie einer uralten Versuchung nicht widerstehen konnte und zum geheimsten Ort ihres Gartens hinstürzte, wie sie es noch nie gewagt hatte, geschützt von zwei Pfaffen, unter deren Soutanen der Satan tobte, zu einem Feuer, durch dessen Flammen sie einer jungen Frau, einer unglaublich liebreizenden Frau, ihre Hand gab, die diese nahm und sich unter den Rock schob, und sie spürte gleichzeitig die Hand der Hexe, nach der sie sich ein Leben lang gesehnt hatte, und stöhnte auf und hörte, wie ein Beschwörer, während die Pfaffen vor sich hin psalmodierten und die Frauen nicht aus den Augen ließen, einen Geist rief, der auch wirklich erschien, über dem Feuer flirrend, und Antwort gab auf alles, was die Herzogin mit schwindenden Sinnen wissen wollte, nämlich ob Heinrich und Suffolk und der Kardinal und Somerset dem Tod geweiht seien, und der Geist sagte ja, und ob sie selbst dereinst die ihr gebührende Macht genießen werde, und der Geist sagte nein und versank, und der Herzog von York, mit einem Dutzend Häschern im Schlepp, brach durchs Gebüsch – Pfaffen, Beschwörer und Hexe schrieen auf – und ließ die Verschwörer einem Gericht vorführen, das die Hexe verbrannte, die Pfaffen und den Beschwörer aufhängte und die Herzogin von Gloucester zu lebenslanger Verbannung verurteilte. Tränenlos, ein Greis, stand der Herzog von Gloucester am Tor, durch das seine Frau, gefesselt und in einem Schandkleid, die Stadt verließ. Es gibt doch ein Recht, ein königliches Recht, stammelte er – hörte ihn seine Frau? –, unser Halt in dieser Welt war doch, daß wir es nie verletzten? Seine Frau sah ihn stumm an. Dann ging sie davon, ohne sich umzudrehen, und ihr Mann sah ihr nach, ohne zu wagen, mit ihr zu gehen, bis sie ein kleiner Punkt geworden war, eine Erinnerung.

Als er in den Palast zurückkam, redeten Suffolk, York, Buckingham, der Kardinal und Margarete auf den König ein – dieser wurde unter ihren Stimmen immer kleiner –, daß Gloucester seine Gesetzestreue nur vortäusche, denn gerade die Tatsache, daß er sich nie auch nur die geringste Unregelmäßigkeit habe zuschulden kommen lassen, beweise seinen Machthunger, er sei ein Teufel im Gewand der Güte, ein Mörder im Schatten, und der König hielt sich die Ohren zu, ich will nichts mehr hören, ich halte das nicht mehr aus, und als er Gloucester unter der Tür stehen sah, ein Gespenst aus einer untergegangenen Welt, stürzte er aus dem Saal und in sein Schlafzimmer, wo er betend aufs Bett fiel und einschlief, mit dem Daumen im Mund. Im Thronsaal unten trat Suffolk auf Gloucester zu und sagte, ich verhafte dich wegen Hochverrats, du gefährdest unsre Rechtsordnung, und Gloucester nickte, weil er wußte, daß er die Verfassung so lange respektiert hatte, bis er der einzige, der dies noch tat, und ein Verfassungsfeind geworden war, und wurde in eine Zelle gesperrt, in der er sich müde auf ein Bett setzte. Suffolk gab den Zellenschlüssel einem Mann ohne Gesicht, flüsterte ihm etwas ins Ohr und ging in die Gemächer der Königin, über die er sich stürzte – die Königin peitschte ihn aufheulend in sich hinein – und auf der er dann, nach Lebensluft röchelnd, stundenlang bewußtlos lag. Der Palast war totenstill. Niemand atmete. Endlich, als es dämmerte, erhob sich Heinrich VI. von seinem Bett – ich muß mich um meinen teuren alten Onkel kümmern – und stieg in den Thronsaal hinab, wo Suffolk und Margarete im Schein einer Fackel Schach spielten, und sagte, schön, Kinder, daß ihr euch zusammen vergnügt, aber jetzt will ich ein Verhör anstellen mit Gloucester, und wenn ich den Schatten eines Zweifels habe, werde ich ihn freilassen, und Suffolk sprang auf und sagte, aber gewiß, ich hole den Übeltäter, und ging hinaus und kam zurück und rief, Herr, er hat sich umgebracht, es ist ein Eingeständnis seiner Schuld, wer hätte seine Zelle betreten können? Heinrich fiel in Ohnmacht. Während Margarete seine Wangen tätschelte und ihm Riechsalz unter die Nase hielt, untersuchten die Grafen von Warwick und Salisbury den Toten und berieten miteinander und riefen dann, König, es gibt keinen Zweifel, er ist umgebracht worden, Suffolk hat ihn umgebracht, und Heinrich, wieder wach, sah ratlos zwischen den Streitenden hin und her – einerseits hatten die Grafen gute Argumente, andrerseits durfte ein solch ungeheuerlicher Gedanke nicht gedacht werden – und murmelte, Herr im Himmel, leih mir Kraft und sage mir, was ein König in so einer Lage tut, und als sich vor dem Palast immer mehr Frauen und Männer ansammelten und nach Suffolks

Kopf brüllten, gab er es endlich auf, im Thronsaal hin und her zu tigern und sagte, besser Suffolks Kopf als meiner, und verurteilte seinen engsten Freund zu lebenslanger Verbannung und gab ihm nur noch das Recht, sich von denen, die es zuließen, zu verabschieden, und Margarete ließ es zu, ohne daß ihr König etwas bemerkte, und krallte sich ein letztes Mal in ihren Geliebten, brüllend vor Todeslust, so daß sich alle im Palast angrinsten und dachten, der König muß Schießwatte in den Ohren haben, und dann führten zehn Soldaten Suffolk nach Dover, wo sie ihn auf ein Schiff verluden, das Seeräubern in die Hände fiel, die, als sie Suffolk erkannten, auf jedes Lösegeld verzichteten, denn niemand war im Reich verhaßter als er, und ihm den Kopf abschlugen, den ein Lord, dessen Geld akzeptiert worden war, in einem Sack mitnahm und im Palast ablieferte, wo Margarete, als sie erkannte, was da vor ihr lag, ihn küßte und küßte, bis Heinrich kopfschüttelnd sagte, ich frage mich langsam, Liebes, ob du auch um mich so weinen würdest?

Inzwischen war in Irland ein Aufstand ausgebrochen, den der Herzog von York angezettelt hatte, um ihn zu gegebener Zeit niederschlagen zu können. Er hatte einem Landarbeiter, der, wie die meisten seiner Landsleute, nichts zu verlieren hatte, weil ihm alles, Land und Geld, längst weggenommen worden war, eingeredet, er sehe aus wie Mortimer, ja vielleicht sei er Mortimer, oder ein Bruder, so daß dieser bald selber glaubte, er sei aus dem Geschlechte der York, ein Fehltritt des alten Herzogs,

und in rauchigen Kneipen auf Tische kletterte und seinen Humpen hochhob und rief, Freunde, wie lange sollen wir noch dulden, daß die reichen Säcke alles haben und wir nichts? Daß wir hungern und die Dicken fressen? Daß wir uns keinen Esel leisten können und die Herren in Kutschen fahren? Ich will euch befreien, nehmt eure Heugabeln und Spaten und kommt mit, mein Regierungsprogramm ist, daß jeder, der Latein kann oder schreiben, aufgehängt wird – du, junger Mann, kannst du schreiben? Und als der junge Reisende, der in der Kneipe sein Bier trank, lächelnd sagte, ja, kann ich, packte ihn der falsche Mortimer und schleppte ihn durch die johlenden Gäste und hängte ihn mit seinem Gürtel am Dachbalken auf, und das gefiel den Männern und Frauen, sie gingen mit ihm auf die Straße und zündeten die Kirche an, und das Regierungsprogramm des falschen Mortimer war nun die Abschaffung des Geldes, weil dieses unnötig sei, weil er, der König, sowieso allen gratis zu essen und zu trinken gebe, außer den Reichen, die er auf Pfähle spießen und in die Themse stürzen werde, und Heinrich VI. hörte, daß eine immer größer werdende Rotte sich auf London zu bewege und jeden Dorfschulzen umbringe, und beriet sich mit Somerset und Buckingham – ja dürfen die das denn? – und schickte ihnen zwei Geistliche entgegen, sie mit Kreuzen zu bannen, aber die Kreuze wirkten nicht und die Geistlichen wurden totgeschlagen – zur gleichen Stunde starb, jäh und überraschend, der Kardinal von Winchester –, und ein Heer von Bauern und Bettlern wälzte sich durch die Hügel Mittelenglands und durch die Tore der Hauptstadt, aus der Heinrich VI. mit Margarete in seine Sommerresidenz floh, wo er sich im Schlafzimmer einschloß, weil er auch den Dienern und Stallburschen nicht traute. Die Adligen, die in London blieben, wurden erschlagen. Alle Verkleidungen nutzten nichts, ihre Sprache verriet sie, und die

Landleute trugen ihre Köpfe auf Stangen vor sich her und küßten mit den Blutmündern aufkreischende Mädchen, und der falsche Mortimer ließ sich jetzt in einer Sänfte tragen und Majestät nennen und erließ ein Gesetz nach dem andern und erschlug die, denen ein neuer Paragraph noch nicht geläufig war, so daß immer weniger Freiheitssehnsüchtige den schlingernden Kurs seiner Willkür verstanden – überall Tote, Tote, Tote –, und als der König in seiner Sommerresidenz sich aufraffte und Straffreiheit für alle mit Ausnahme des falschen Mortimer verkündete, fielen alle von diesem ab, und er war plötzlich ein einsames Wild, auf den eine so hohe Kopfprämie stand, daß er sich tagsüber in einem Wald verstecken mußte und nachts aus einem Garten Rüben stahl, wo er von einem Mann, der nicht wußte, wen er vor sich hatte, erschlagen wurde. Der Herzog von York zog indessen mit einem eigenen Heer durch England – niemand konnte sagen, ob er gegen die Aufständischen oder den König oder beide zog –, und als er dem Palast Heinrichs immer näher kam, versammelte dieser doch seine Truppen und bat Somerset, mit ihm zu kommen – alle wollen König werden in diesem Land, nur ich wäre gern ein Untertan –, und Somerset steckte sich eine rote Rose an die Rüstung, und sie zogen los und trafen das Heer Yorks, auf dessen Schilden und Helmen weiße Rosen leuchteten, auf einer weiten Ebene, aus der die Schafe blökend flohen, und der kleine König schritt aufrecht und unbeirrbar durch die rennenden Schafe auf York zu, der stahlglimmend vor seinen Panzerleuten stand, und rief, York, bist du mir gut oder mein Feind?, und York rief, ich rüste ab, wenn du Somerset, den Hochverräter, in den Tower setzest, und der König rief, da sitzt er doch längst, aber in diesem Augenblick sah York seinen Erzrivalen unter den königlichen Befehlshabern und wurde kreideweiß vor Wut und schrie, ich, ich bin der König, ich, und Somerset brüllte über die Ebene, ich verhafte dich wegen Hochverrats, und York lachte, ha? so? wie?, und alle eilten zu ihren Soldaten und bliesen Signale, und die Heere krachten ineinander und metzelten sich so lange zu Tode, bis die königlichen Soldaten, Somerset in einer Blutlache zurücklassend, in alle Winde flohen, der kleine König schreiend voraus, und die Männer der weißen Rose einen disziplinierten Zug bildeten und singend der Hauptstadt entgegenzogen.

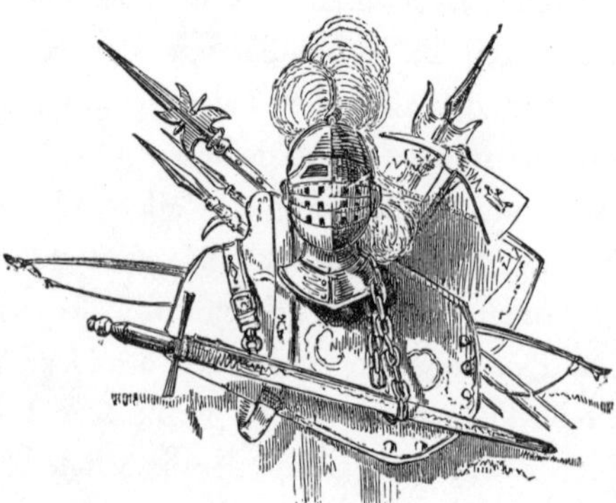

KÖNIG HEINRICH VI.

3. TEIL

Während Richard Plantagenet, der Herzog von York, mit seinen Soldaten, die frische weiße Rosen auf ihren Lanzenspitzen trugen und Lieder von Ehre, Mut und Sieg sangen, nach London marschierte, stolperte König Heinrich VI. allein durch Tannenwälder, zwängte sich durch Gebüsche, kroch durch Felsspalten, erschrak über auffliegende Fasane, zählte Kuckucksrufe, die ihm die verbleibenden Jahre angaben, oder die Monate?, kratzte sich an Brombeerranken blutig, blieb an Wurzeln hängen, glitt auf nassen Steinen aus, rutschte Lehmhalden hinunter und aß, auf Baumstrünken sitzend, Pilze und Heidelbeeren und dachte, kauend ohne das Gekaute zu schmecken, über seine Niederlage, seine Feigheit und seine Ehrlosigkeit nach, und seine Niederlage kam ihm immer sinnvoller, seine Feigheit immer menschlicher und seine Ehrlosigkeit immer mutiger vor, so daß, als er endlich verdreckt und müde durch die Straßen seiner Hauptstadt seinem Palast zuschlurfte – niemand erkannte in dem nassen Waldmenschen den Monarchen –, sein Äußeres gewachsen und sein Inneres geschrumpft war – er war jetzt kein Kind mehr, das von Größe phantasierte, sondern ein Erwachsener, der sich nach dem Verschwinden sehnte – und er vor sich hinbrummelte, zum Teufel, warum hat es just mich auf diesen Scheißthron verschlagen, und die Türhüter anherrschte, was soll das, kennt ihr euern Herrn nicht mehr?, und mit einer satten Wut auf alle Machtausübung die Treppen hinaufging und den Thronsaal betrat, der voller Menschen war, die aufeinander einredeten, weil Richard Plantagenet sich, ohne jemanden zu fragen, auf Heinrichs Thron gesetzt hatte und keiner wußte, wie er sich verhalten sollte ohne einen Befehl seines Königs, aber der war nicht da, so daß Heinrich, als er dies Getümmel sah, gleich rechtsumkehrt machen wollte – aber da hatten ein paar seiner Getreuen das Quietschen der

Tür schon gehört und ihren weghuschenden Herrn erkannt und gerufen, da ist er ja, der Herrliche, der das Machtwort sprechen wird, und Heinrich machte also die Tür wieder auf und schraubte seinen Kopf aus den Schultern heraus und ging durch eine Gasse erwartungsfroher Edler auf den Thron zu, auf dem der Herzog von York wie ein verängstigter Tiger saß, und sagte, Richard, obwohl ich dreckige Schuhe und Hosen wie Ofenrohre habe, bin ich Heinrich VI., der Sohn Heinrichs V., der Enkel Heinrichs IV., und der Herzog von York lachte schrill und rief, das ist eine Genealogie von Thronräubern, *ich* will die Krone, worauf Heinrich – denn das wäre die Lösung all seiner Probleme gewesen – erst einmal gar nichts sagte, weil er wußte, so eine Lösung durfte er nicht bedenken, geschweige denn aussprechen, alle seine Leute erwarteten jetzt ein Königswort, und so sagte er, York, machen wirs so, ich anerkenne deinen Anspruch, wenn du meinen bis zu meinem Tod gelten läßt, und der Herzog von York war so verblüfft, daß er aufstand, die Schwurfinger hob und zur Tür hinausrauschte, einen König hinterlassend, der aufseufzend auf seinen Thron sank und die verdreckten Schuhe aufzuschnüren begann, während seine Ratgeber wie Hummeln durch den Palast surrten, die sensationelle Neuigkeit in Küchen und Ställen zu verbreiten, und Margarete, die Königin, hörte sie als erste und stürzte die Treppen hinunter dem Thronsaal zu, wo Heinrich, als er ihre Schritte kommen hörte, sich dünnmachen wollte, aber wie sollte er das mit einem Schuh am Fuß und dem andern in der Hand?, und Margarete ihn am Kragen packte und ihn schüttelte und wie von Sinnen schrie, was, du verschenkst die Krone?, und ich?, und dein Sohn?, denn Margarete hatte jetzt einen Sohn, Heinrichs Sohn, obwohl sich am Hof noch immer, einem alten Vorurteil folgend, niemand vorstellen konnte, daß der König und die Königin, wie denn, ums Himmelswillen, sollte das gehen, das Königsschwänzchen und der gierige Schlund dieser Frau, so daß die einen im Babygesicht des Thronfolgers die Nase des Herzogs von Somerset erkannten und die andern das Kinn des Grafen von Warwick, wie dem auch sei, Margarete schrie jedenfalls, *sie* hätte das nie getan, *sie* hätte keinen Fingerbreit nachgegeben, *sie* kenne keine Gefühle, *sie* betrachte sich als geschieden, komm Sohn, und so ragten wieder einmal die Speere zweier Heere einander entgegen, einer Ehre wegen, die wir nie ganz verstehen werden, denn wir stünden, lebten wir in jenem heftigen Jahrhundert, in der ersten Reihe der Armee Margaretes oder Yorks, da wo die Speere sich ihre allerersten Ziele suchen, nun ja, jedenfalls schmetterten wieder die Trompeten, und Männer wie du und ich rannten erneut brüllend in den Speerwall des Feindes hinein und waren tot und wurden mit den Füßen von den Speeren gestreift, bevor die nächste brüllende Männerwoge kam, denn es kam drauf an, wer schneller war, die Männerbrandung oder die Speerabstreifer, denn wenn diese zu langsam abstreiften, wurden sie überrannt und in Stücke gehauen, so daß es für die Angreifer lebenswichtig war, möglichst schnell in den Tod zu gehen, weil dieser ihnen, wenn sie es langsam taten, noch sicherer war, und so war nach kurzer Zeit das Schlachtfeld von Rosen übersät, hauptsächlich von weißen, die sich im Blut ihrer toten Träger rot färbten, und Margarete – sie lachte mit blutverschmierten Zähnen – schleifte den Herzog von York an den Haaren hinter sich her und setzte ihn auf einen Leichenhaufen und rief, das ist jetzt dein Thron, Schöner, und dies – sie setzte ihm eine Papiermütze auf – deine Krone, du Arschloch, und der Herzog von York saß auf den Körpern seiner Vasallen und stierte vor sich hin, und als Margarete rief, Herzchen, schau mal da oben, eine Friedenstaube, hob er den Kopf, und sie schlug ihn ihm ab – seine Augen sahen noch immer suchend in den Himmel – und stellte ihn aufs Stadttor von York, damit die Bewohner wußten, wer in England die Hosen anhatte, jedenfalls nicht mehr ihr Herzog,

so daß jedermann dachte, uff, endlich, ist ja egal, wer der Sieger ist, Friede ist Friede und die armen Seelen haben ihre Ruhe, und alle wieder hinter ihren Pflügen hergingen und auf ihre Ambosse schlugen und sogar Heinrich mit seinem treuesten Berater, dem Grafen von Warwick, der triumphierenden Königin entgegenzog und sie auf die blutverkrusteten Wangen küßte und sagte, verzeih, Liebste, das hast du wirklich gut gemacht, andrerseits, kann man sein Reich denn nicht ohne Massenmorde bewahren?, bis Warwick die Schwäche seines Königs nicht mehr länger mit ansehen konnte und mit verhängten Zügeln in den Süden ritt, wo er Edward und Richard, den Söhnen des Herzogs von York, seine Treue anbot, zweien von den drei Söhnen, die die Schlacht überlebt hatten, denn der dritte ritt gerade, weil er die Sache der Yorks für verloren hielt, mit verhängten Zügeln nordwärts, um Margarete seine Treue anzubieten, item, Warwick stieg vom Pferd und rief, stellt euch vor, der König hält sich nicht mehr die Ohren zu, sondern er will die Schreie der Gequälten hören, nicht mehr die Augen zu, weil er die Tränen der Witwen sehen will, nicht mehr den Mund, denn er sagt nun, was er denkt, dieser Versager, und die Söhne des Herzogs von York lachten aus vollem Hals, so eine Erfahrung wirst du bei uns nicht machen, und morgen lachen wir wie heute Margarete,

die beim Siegesessen ihren Mann anbrüllte, ob er wahnsinnig geworden sei?, wie er denn herrschen wolle, wenn er nicht töten könne?, befehlen, wenn er den Schmerz der Untertanen verstünde?, verschwenden, wenn er über den Hunger der Armen nachdenke?, leben, wenn er seinen Getreuen traue?, und Heinrich fühlte, wie sein Körper unter den Worten seiner Frau einschrumpfte, er bekam wieder eine helle Stimme, mit der er schließlich fragte, was er denn tun solle, und Margarete sagte es ihm, nämlich, er werde in den kommenden Schlachten in seinem Zimmer bleiben und ein gutes Buch lesen und dafür sorgen, daß ihn kein Soldat zu Gesicht bekomme,

denn wie solle sie zehntausend Mann in den Tod treiben, wenn ihr eigener Mann vor dem Sterben Angst habe, bis Heinrich die Stimme dieser Frau einfach nicht mehr hören konnte und aufstand und ihr die Hände küßte und murmelte, du bist so gut zu mir, und mit einem Schädel, der unter dem Gewicht seines schlechten Gewissens fast in seinen Schultern verschwand, in den Thronsaal hinaufrannte, wo er sich auf den Thron setzte und einen Sherry trank und in einem Buch las, das von Lämmern und Wölfen handelte, die gemeinsam aus *einer* Quelle tranken, während von ferne der Lärm der nächsten Schlacht zu ihm drang, so daß er immer fahriger in den Beschreibungen der weisen Einrichtungen Gottes blätterte und plötzlich aufsprang und dem Lärm der Kämpfenden nachging, bis er sie sah, unter sich auf einer unendlichen Ebene, kleine Männer mit roten und weißen Punkten auf den Helmen, von Horizont zu Horizont, und sich auf einen Maulwurfshügel setzte und zuschaute, wie Pferde in Speere rannten und umkippten, Stahlrüstungen richtungslos, mit einem Spieß im Rücken, durch Kämpfende torkelten, die sich um sie nicht mehr kümmerten, Ritter ohne Köpfe auf wahnsinnig gewordenen Pferden übers Schlachtfeld rasten, armlose blutspeiende Kämpfer den Streichen ihrer Gegner mit wilden Sprüngen auswichen, bis sie, statt neben, in einen Hieb sprangen, Eingekesselte in panischem Entsetzen Stahlkugeln an Ketten um sich schwangen, bis die Kugeln sich irgendwo verhakten und ihnen zehn Lanzen gleichzeitig in die Gedärme fuhren, Männer ihr Schwert triumphbrüllend in den Kopf eines Gegners sausen ließen, ohne zu bemerken, daß hinter ihnen schon ein anderer das Schwert anhob und den Mund zum Brüllen öffnete und ihr Maul in zwei Grinshälften schnitt, Söhne Väter erschlugen und Väter Söhne, und als Heinrich all das gesehen hatte und das Töten noch immer nicht aufhörte, schloß er die Augen und hielt sich die Ohren zu und dachte mit aller Kraft an sein

Buch, das Buch der Bücher, und als er die Hände von den Ohren nahm, war es ruhig geworden, und er öffnete die Augen und sah, wie die beiden Söhne des Herzogs von York über Leichen stelzten und sie mit den Fußspitzen auf den Rücken drehten und besonders verhaßten Gegnern Tritte in die Gesichter gaben, bis sie schließlich fortgingen, in die Hauptstadt, die nun die ihre war, um Edward, den ältesten, zu König Edward IV. zu machen, und Heinrich stand seufzend von seinem Hügel auf, jetzt hatte er, wonach er sich so lange gesehnt hatte, und ging nordwärts nach Schottland, in dessen Hochmooren er jene paradiesische Ruhe zu finden hoffte, die eine innere Sonne ihm früher einmal für sein eigenes Leben versprochen hatte und die es, wenn überhaupt irgendwo auf dieser verdammten Nebelinsel, nur dort oben geben konnte, bei den Seeschlangen in den Wassern und den Trollen in den Sümpfen, und er ging und ging, sich mit jedem Schritt aus einem Herrscher in einen Untertan verwandelnd, und sah endlich die Paradiesseen und die zauberdampfenden Moore vor sich, in denen er eine Hütte bauen und das Buch der Bücher nochmals schreiben wollte, aus dem Gedächtnis und noch großartiger, ohne jene Kapitel, in denen Augen eingedrückt und Zähne eingeschlagen wurden, dafür bereichert um lange Schilderungen, in denen Eichhörnchen Haselmäuse küßten, aber da wurde er von zwei Waldwächtern überwältigt, seinen eigenen Beamten, und nach London geschleppt und im Tower abgeliefert, wo er in eine dunkle Zelle geworfen wurde und sich auf eine Pritsche mit Stroh setzte und im Kopf sofort ein weiteres Kapitel der Schöpfung der Welt schrieb, während König Edward auf seinem Thron saß, neben dem noch immer Heinrichs Bibel da aufgeschlagen war, wo ein Geohrfeigter dem Ohrfeiger seine andere Wange hinhält, und seine Füße auf jenen Tisch gelegt hatte, aus dessen eingelegter Weltkarte schon seine Vorgänger manchen weltpolitischen Einfall geschöpft hatten – das Tote Meer, Sizilien, den Kaukasus –, und die Sporen seiner Stiefel auf Paris zeigten, und er sagte, na klar, Warwick, treuer Freund, geh nach Paris und bitte Ludwig, unsern Bruder auf dem Thron von Frankreich, um die Hand seiner Schwester, er hat doch eine?, wir gedenken nämlich – alle lachten donnernd – das von unserm Vorgänger verhühnerte Reich auf dem Schwanzwege zurückzugewinnen, und Warwick verneigte sich und rüstete ein Schiff aus, das hinter einem geheimnisvollen Viermaster dreinfuhr, auf dessen Wimpeln die schärfsten Augen rote Rosen zu erkennen glaubten, und tatsächlich fuhr auf diesem Schiff Margarete, die besser französisch konnte als Warwick, der die Spargeln von ihrer holzigen Seite her aß und in Artischocken wie in Gurken biß, jedoch von all dem ahnte Edward noch gar nichts, er saß gut gelaunt auf seinem Thron und genoß das Regieren – wo sind die Bittsteller von heute? Nur einer? Euch gehts wohl zu gut in meinem Reich, daß ihr nichts zu bitten habt? – und nickte dem einzigen Bittsteller gnädig zu, einer jungen Frau mit langen blonden Haaren, die sich vor ihm verneigte und in dieser Stellung verharrte, so daß Edward ihre kleinen weißen Brüste sah, ahh, tief einatmete und die Füße vom Tisch nahm und sagte, erheben Sie sich, Lady, was kann ich für Sie tun?, und die Frau sich aufrichtete und sagte, mein Mann ist im Kampf gefallen, ach, und ich bitte um die Überschreibung seiner Güter auf meinen Namen, und Edward sie anstarrte und immer schöner fand, jaa, darüber wäre zu reden, und er sie nochmals ansah, von unten bis oben, und am liebsten gesagt hätte, drehen Sie sich um, damit ich Ihren Hintern betrachten kann, aber das doch nicht tat, sondern schließlich sagte, jaa, ich will Euch diese Bitte gewähren, und die Frau wieder knickste und er wieder ihre Brüste sah, unter der Bedingung, daß Ihr mich liebt, und die Frau lächelte, aber, Herrscher, natürlich liebe ich Euch, und Edward schrie, Herrgott, bist du schwer von Begriff, ficken meine ich, und alle, die im Thronsaal herumstanden, betreten zu Boden sahen, nur die Frau nicht, die sehr ruhig sagte, nein, König, das nicht, und sich umdrehte und ging, und Edward nun auch ihren Hintern sah, wie er, in einem engen Seidenkleid, der Tür zuwippte, und schrie, bleib, höre, ich heirate dich, und die Frau sich unter der Tür umdrehte, nun doch rot geworden, und sagte, Edward, das geht nicht, ich bin zu stolz, dein Bettmädchen zu sein, aber zu gering, die Gattin eines Königs, und Edward schrie, ich kann machen, was ich will, ich bin schließlich der König, und die Frau am Handgelenk faßte und in die

Kapelle zerrte, wo beide getraut wurden im Namen des Vaters, des Sohnes und des Heiligen Geistes, bevor sie in Edwards Zimmer stürzten und sich als das erkannten, was sie waren, als ein geiles Kind und eine Witwe ohne eine andere Hoffnung, während unten im Thronsaal Richard kicherte, der König von Frankreich wird meinen großen Bruder auch ficken, und zwar in den Arsch, und dann werde ich König sein, ich, König Richard der Dritte, und in sein Zimmer rannte und sich aufs Bett warf und sich seinen heißesten Gedanken hingab, dem Abschlagen von Köpfen und dem Quälen von Frauen, bis er ermattet einschlief,

während Margarete nun in Paris eingetroffen war und sich mit Ludwig XI. von Frankreich so lange mit vollendeter *civilisation* unterhielt, bis Warwick den Saal betrat und, Margaretes Mordblicke übersehend, vor Ludwig in die Knie sank und rief, einen Herzensgruß von Eurem Bruder Edward, und er bittet um die Hand Eurer Schwester, Ihr habt doch eine?, und Ludwig den seenassen Botschafter aus England lächelnd hochhob – wollt Ihr eine Spargel oder eine Artischocke? – und sagte, wie sicher sitzt dieser Edward denn auf dem Thron?, und Warwick sagte, wie ein Krater im Mond, und Ludwig, wie liebt denn das Volk meinen Bruder Edward?, und Warwick, wie es die Morgensonne liebt, und, wie stehen denn die Vasallen zu meinem lieben Bruder Edward?, und, wie die Schafe zum Hirten, und ein breites Lächeln über das Gesicht Ludwigs XI. zog und er die Hand seiner

Schwester faßte und sie in die Warwicks legte, nimm sie, seit Jahren träumt sie davon, das Wunder der Ehe erleben zu dürfen, jetzt ist es soweit, und Warwick sich trunken vor Glück verneigte und Margarete kreideweiß wurde, worauf aber plötzlich ein Bote drei Briefe brachte – einen an den König, einen an Warwick, einen an Margarete –, die alle dieselbe Botschaft enthielten, welche jedoch drei verschiedene Wirkungen auslöste, nämlich Margarete fand ihre Farbe wieder und lachte hysterisch, Ludwig stand so heftig von seinem Thron auf, daß der umfiel, seine Schwester brach in Tränen aus, nachdem sie den zu Boden gefallenen Brief überflogen hatte, und Warwick sank vor Margarete in die Knie und schluchzte, Edward ist ein Schwein, ich habe es immer gesagt, ich will Euch treu sein, und Ludwig überließ den beiden 5000 französische Soldaten, den lüsternen König von England und seine Metze aus dem Bett zu kippen,

was Edward nicht verborgen blieb während seiner Liebesnächte, er rief seine Gefährten zu den Waffen und schlief nun, um zu zeigen, daß er ein König war, sitzend in einem Stuhl in einem Zelt auf dem geplanten Schlachtfeld, mit zwei Schildwachen vor der Tür, und das war ein Fehler, denn Warwick und Margarete drangen nachts in sein Zelt ein und schnappten ihn sich, so daß dieser Krieg entschieden war, bevor er begonnen hatte, und Heinrich aus dem Tower befreit wurde und sich wieder auf den Thron setzte, wo er die immer noch auf derselben Seite aufgeschlagene Bibel fand, ahh, sie hat mir doch gefehlt, meine eigene Schöpfungsgeschichte ist doch nicht so gut wie diese da, und Warwick und Margarete zunickte und sagte, treuer Warwick, liebe Margarete, ich überlasse euch das Regieren, laßt mich ein König ohne Überblick sein, ein Kutscher ohne Zügel, ich will endgültig hier sitzen bleiben und von der milden Sonne des Paradieses lesen, denn ich weiß jetzt, was ich will, ich will ein Lamm sein,

aber auch Edward blieb nicht lange gefangen, denn sein Bruder Richard befreite ihn und fuhr mit ihm nach Flandern und kam mit 5000 burgundischen Soldaten zurück, und folglich gab es erneut eine Schlacht, in der Heinrich bibellesend im Thronsaal sitzen blieb, mit einer Sherryflasche und ohne Schutz, denn er war sicher, daß sich seine unendliche Güte nun auszahlen und das Volk ihn freiwillig in Ruhe lassen würde, aber auch das war ein Irrtum, denn Edward stürmte, statt aufs Schlachtfeld, in den Palast und verhaftete Heinrich, der wieder nicht Zeit fand, die Bibel mitzunehmen, und den Sherry, und sich in seiner Zelle auf seiner noch sitzwarmen Pritsche wiederfand, wo er die Geschichte der Schöpfung der Welt an der Stelle fortsetzte, an der er bei seiner letzten Befreiung unterbrochen worden war,

während Warwick und Margarete ungeduldig auf Verbündete und Gegner warteten, denn wieder wurde die Treue aller auf eine harte Probe gestellt, und tatsächlich entschied sich der dritte Bruder des Hauses York plötzlich für Edward und Richard, so daß Warwick und Margarete mit denen kämpfen mußten, die übrigblieben, und es ihnen wenig nützte, daß sie es wie die Teufel taten und sogar der Prinz zum Mann reifte, das heißt mutig und frech und von Edward und Richard erschlagen wurde, und Warwick starb und Margarete nun in den Tower geführt wurde, kurz und gut, endlich tanzten alle Yorks siegestrunken auf den Körpern ihrer Feinde herum, nur Richard nicht, der ließ seine Brüder tanzen und ging statt dessen in den Tower, in die Zelle Heinrichs, der die Schöpfungsgeschichte in seinem Kopf fast zu Ende gebracht hatte – jede Schöpfung schlägt, wenn sie fertig ist, in ihr Gegenteil um – und Richard furchtlos in die Augen sah – deinetwegen werden noch viele Menschen weinen, mein Wolf – und versuchte, als Richard sein Schwert aus der Scheide zog, die Welt in seinem Kopf noch schnell völlig zu Ende zu schöpfen, während er schon die Klinge auf sich zusausen und dann, falls ihm eine Sekunde der Empfindungskraft blieb, vom Boden aus seinen auf die Pritsche umsinkenden Rumpf sah und seinen Mörder Richard, der, die Füße voran, mit zweiunddreißig Zähnen im Mund zur Welt gekommen war und nur ein Ziel kannte, den lichtumspülten Thron des Königreichs England, auf dem jetzt noch Edward saß, seine kichernde Frau auf dem Schoß, einen Sieg feiernd, den er für ewig hielt.

KÖNIG RICHARD III.

Als Richard Plantagenet, der Herzog von York – er hatte eben Heinrich VI., den letzten König aus dem Haus Lancaster, umgebracht –, in einer hellen Vollmondnacht nach Hause ging, bemerkte er, jäh und doch ohne es vorerst zu glauben, daß er sich verändert hatte. Er war nicht mehr, wie eben noch, der gesichtslose kleine Bruder des großen Königs Edward, sondern hatte plötzlich – er spürte es, als er mit beiden Händen immer schneller immer entsetzter über seinen Rücken strich – einen Buckel bekommen. Er hinkte jetzt. Er stank nun aus einem Maul, in dem spitze Wolfszähne saßen. Voll böser Ahnungen spiegelte er sich im Schein des Monds in einer Pfütze: seine Augen schielten tatsächlich, und sein Gesicht war eine Fratze geworden. Sein Lächeln – mit einem charmanten Scherz noch hatte er Heinrich umgebracht, wie ein Ballettänzer noch hatte er den Sohn Heinrichs ermordet – war teuflisch. Seine innere Natur hatte sich mit einem plötzlichen Ruck nach außen gestülpt. War er immer schon so gewesen, ein Schleichzwerg, und hatte es nie bemerkt? Oder hatte die papierdünne Haut seines Körpers dem Druck des Dämons in ihm mit einem Mal nicht mehr standhalten können? Vor sich hinredend hinkte er durch einen immer dichter werdenden Nebel, durch den der Mond kaum mehr drang. Als ihm ein Hund entgegenkam und ihn anbellte, heulte er wie ein wunder Wolf auf – Mond, so viel Nebel gibt es nicht, all das vergossene Blut vor dir zu verbergen – und schrie, ahh, ich werde aus meiner Not eine Tugend machen und in dieser entsetzlichen Welt der Entsetzlichste werden. Das wird nicht einfach sein, Mond. Es gab keinen in seiner Nähe, der seinen Weg mordlos gegangen wäre.

Wer im Palast zugelassen war, hatte sich den Zugang mit Schwert und Feuer freigeräumt. König Edward, sein Bruder, war ein Mörder. George, sein anderer Bruder, war ein Mörder. Die gepflegten Grafen waren Mörder, die schleimigen Barone, die hochfahrenden Herzöge. Die Erzbischöfe und Kardinäle waren Mörder. Die angestellten Mörder, gesichtslose Männer in unauffälligen Kleidern, waren Mörder. Sogar die Frauen waren Mörderinnen, und die, die es nicht waren, schliefen mit Mördern, es gab ja keine andern Männer, und gebaren Kinder, die wie zukünftige Mörder erzogen wurden, oder wie ihre Opfer. Was sollten sie tun? Es war eine Zeit, in der die Bewohner der Paläste (die Bewohner der Hütten lebten noch weit zufälliger) nur zwei Möglichkeiten hatten, entweder sie hielten den Griff eines Schwerts in der Hand, oder sie hatten die Klinge eines Schwerts am Hals. Ein jeder hieb ungezählte Köpfe ab, Köpfe von Freunden, von Söhnen, von Freundinnen auch, ja was sollte man da machen?, und fast jeder ging dann, ja so war halt das Leben!, an einem nebligen Morgen selbst über einen Hof auf einen Holzblock zu, neben dem ein Mann mit einer Kapuze über dem Kopf und einem Beil in der Hand stand. Es ist unfaßbar, mit welcher Selbstverständlichkeit jeder seinen Kopf auf den Spaltstock legte. Keiner versuchte, schreiend über die Hofmauer zu klettern. Keiner stürzte sich auf den Henker. Keiner rannte mit der Eisenkugel am Bein auf die Zugbrücke zu. Alle legten, einem Naturgesetz gehorchend, den Kopf auf den Block. Sie atmeten nicht schneller als sonst. Das Naturgesetz hieß, daß es eine Macht geben und daß sie durch das Schwert ausgeübt werden mußte, und so starb jeder im Einklang mit der Natur der Dinge. Es gab immer zehntausend andere, die sich auf dem Weg drängten, der zum Richtblock führte. Jeder wußte es. Jeder redete sich ein, daß gerade er den Griff des Todesbeils in die Hand bekommen werde statt die Klinge in den Hals.

Richard hatte sich noch kaum an sein verändertes Aussehen gewöhnt, da kam ihm, von zehn Palastwächtern gestoßen und getreten, sein Bruder George entgegen. Dieser war so verstört, daß er seinen Bruder sofort erkannte. Man schleppt mich in den Tower, rief er. Was habe ich Böses getan? Richard strich ihm über den Kopf. Mond, Mond, murmelte er, Abel mag ein lieber Mensch gewesen sein, aber Kain hatte danach das Linsengericht.

Er war schon beinah im Palast angekommen – der Nebel war nun dicht und gelb –, als er plötzlich vor der Witwe des Sohns Heinrichs VI. stand. Sie tauchte wie eine Erscheinung auf, eine junge schmale Frau mit einem Gesicht aus Wachs, und Richard fand keine Zeit mehr, im Schwarz des nächsten Hauseingangs zu verschwinden. Er wußte, daß sie wußte, wer ihren Geliebten getötet hatte. Sie blieb wie versteinert stehen und stützte sich auf einen Sarg, den vier Männer hinter ihr hertrugen. Dann schrie sie los. Sie schrie und schrie. Als sie Atem schöpfte, sagte Richard lächelnd, Anna, ich liebe Sie. Anna sah ihn mit offenem Mund an. Ich kenne keinen schöneren Körper als deinen, sagte Richard. Anna spuckte ihn an. Ich will dich besitzen, Geliebte, und dich in ein Glück der Sinne führen, zu dem dir bislang keiner den Weg weisen konnte. Anna trat ihn mit ihren spitzen Schuhen. Ich will, sagte Richard, Kinder mit dir haben. Mörder, schrie Anna. Mörder. Richard lächelte und nahm sein Schwert aus der Scheide – es war rot vom Blut Heinrichs VI. –, gab es Anna, stellte sich vor sie hin und riß sich das Hemd auf. Stich zu, Geliebte. Anna starrte auf die breite haarige Brust Richards und hob das Schwert und setzte es wieder ab, hob es ein zweites Mal und setzte es wieder ab und starrte auf die Muskeln ihres Feinds und hob das Schwert ein drittes Mal und ließ es fallen. Sie stand unbeweglich. Richard hob das Schwert auf und sagte leise, Anna, befiehl mir, daß ich mich selber töte. Ich tue es. Anna schwieg. Langsam nahm Richard ihre Hand und streifte ihr einen Ring über den Ringfinger, und sie ließ es zu und stürzte schluchzend davon. Richard gab den Sargträgern einen Wink, und diese verscharrten den Körper des Mannes Annas.

Endlich kam Richard im Palast an – Mond, diese Nacht wird noch lange dauern –, wo sein Bruder Edward krank lag. Niemand kannte die Gründe seiner plötzlichen Erkrankung. Elisabeth, seine Frau, ging mit ihren Brüdern, Söhnen aus erster Ehe, Onkeln und Vettern, die sie alle von Schafzüchtern und Großbauern zu Baronen und Grafen befördert hatte, im Thronsaal auf und ab und rang die Hände und rief, was wird aus mir werden, wenn Edward stirbt? Was aus euch? Wer wird euren neuen Adel ernst nehmen? Wer meinen? Ist es meine Schuld, daß Edward sich in die Fülle meines Fleischs verliebt hat? Daß ich Schafe melken kann und nicht Harfe spielen? Ach, Mond, du gehst seit Jahrmillionen der Sonne aus dem Weg. Sag mir, wie ich dem glühenden Richard entkommen kann. Was für eine Zeit, Mond, in der eine Frau ungefragt in das Bett eines Königs geholt wird und es ungetötet nicht mehr verlassen darf. Ich weiß zu viel. Ich kenne die Morde der andern. Ich darf niemanden mehr aus den Augen lassen. Meine eigenen Söhne werden sich eines Tages zerfleischen, Mond. Sie verstummte, denn Richard betrat den Saal. Sie bemerkte nicht, daß er jetzt hinkte und Feuer spie. Edle Elisabeth, sagte er und faltete die Hände. Gottes Wege sind geheimnisvoll. Der Mensch kommet und gehet. Wir alle werden Edward vermissen. Aber sag mir, Liebe, warum du mich immer wie einen Teufel behandelst, mich, den die Fliegen lieben, weil ich ihnen kein Leids antue? Bevor Elisabeth antworten konnte, ging die Tür mit einem Knall auf, und Margarete, die alte Königin Margarete, die Witwe Heinrichs VI., stand im Thronsaal, ein Gespenst in einer von Motten zerfressenen Königinnenrobe, auch sie eine Mörderin, denn sie hatte Richards Vater und seinen jüngsten Bruder abgeschlachtet, sie ging mit glühenden Augen auf Elisabeth und Richard zu, obwohl sie bei Todesstrafe vom Hof verbannt war, aber sie lachte der Drohung hohn, denn eine Todesdrohung war zu jener Zeit eine Zusicherung des Lebens, weil bei den wirklichen Toden nicht gedroht wurde, sondern diese senkten sich wie Jagdfalken über ihre Opfer. Margarete rief, Elisabeth, du sitzt auf einem Thron, der mir gebührt. Richard, du wirst alle Männer in diesem Saal überleben, aber die Königin und ich werden an deiner Leiche stehen. Richard ließ sie reden. Es war nicht so wichtig. Er wußte ja, daß er ein Mörder war. Er klingelte und gab zwei gesichtlosen Männern den Auftrag, in den Tower zu gehen.

In den Zellen des Tower floß in jenen Jahren so viel Blut, daß es nicht mehr aufgewischt werden konnte und durch Ritzen und Luken sickerte. Es drang durch Böden und Außenwände, und Bürger, die Gesichter machten, als wäre nichts, sahen die Wundmale der Königsburg. Mond, die Gefängnisse weinen. Es tropfte von den Zellendecken, und sogar der Kommandeur hatte beim Speisen zuweilen seine Pantoffeln in einer Blutlache. In diesem Tower lag George schlafend. Vor seiner Pritsche standen die beiden gesichtslosen Männer, mit Messern in der Hand. Sie fühlten sich elend, nicht weil sie morden sollten, sie waren ja Mörder, sondern weil sie Herzbisse in sich spürten und sich nicht auf der Höhe ihrer Zeit fühlten. Sie waren Versager. Sie bewunderten ihre Auftraggeber, die nie von den Stimmen der Schuld an der Ausführung des Notwendigen gehindert wurden. Das war es, das Gewissen war die Fessel der Kleinen, es hinderte sie daran, mit den Großen Schritt zu halten, und war die

Wurzel der Ungleichheit. George wachte auf. Seid ihr meine Mörder? fragte er. Die Mörder nickten. Sie sprachen miteinander – George versuchte ihnen ihren Auftrag auszureden –, aber jeder wußte zu jeder Sekunde des Gesprächs, daß an seinem Ende die Messer in Georges Genick stecken würden. Mond, ein Mord, was ist das schon?

König Edward, in seinem Palast, spürte indessen immer deutlicher, daß er die Spannung, die er selber in sich und um sich herum verursacht hatte, nicht mehr aushielt. Jetzt, wo er schwach war, wollte er alle andern auch schwach sehen. Er versammelte sie um sich: seine Frau, die Karrierebarone und die neuen Grafen und die frechen Söhne aus erster Ehe, die treuen alten Edlen, die Erzbischöfe und Kardinäle, und Richard. Habt euch lieb, sagte er mit einer schwachen Stimme. Umarmt euch. Ich, der König, will es. Alle umarmten sich. Elisabeth, in den Armen Richards, fühlte Hoffnung in ihrem Herzen aufsteigen, eine Sekunde lang, dann betrat ein Bote den Saal und meldete den Tod Georges. Alle fuhren auseinander. Edward wurde kreideweiß. Richard war so entrüstet über den nachlässigen Schutz seines liebsten Bruders, daß Edward das Gewicht seiner Schuld untragbar werden spürte und aus dem Thronsaal wankte und tot zusammenbrach. Mond, murmelte, am Fenster stehend, die alte Herzogin von York, die Mutter Edwards, Richards und Georges. Du allein wirst eines natürlichen Todes sterben, denn nur am Himmel gibt es keine Richarde, in deren Kometenschweif du geraten könntest. Wir aber, Mond! Schau Elisabeth an. Sie weiß, daß ihr Mann draußen liegt. Sieh, wie sie zögernd die Tür öffnet. Hör sie. Das ist nicht der Ruf der Trauer, Mond, das ist der Schrei der Angst.

Wer hatte keine Angst zu dieser Zeit? Der König selbst war vor seiner Angst in den Tod geflohen. George hatte es aufgegeben, Argumente gegen seine Ermordung zu suchen. Die Erzbischöfe trugen ihre Roben wie Panzerhemden und riefen nach ihrem Gott wie nach einer Schildwache oder einem Totschläger. Die Aufsteigergrafen und die Frischbarone rafften Gold und Geld zusammen, als sammelten sie Schwaneneier auf einem auftauenden See. Die Söhne aus erster Ehe stellten alteingesessenen Komtessen nach, aber in ihren Betten trauten sie sich nicht, auch nur die Schuhe auszuziehen. Die Frauen der Mörder schlossen die Augen. Die Häuser der Bürger wurden um sechs Uhr früh von Königsbeamten leergeräumt. Tausende von Menschen verschwanden spurlos. Niemand sprach von ihnen, es war, als habe es sie nie gegeben. Die Alten dachten an die friedfertigen Regimes von früher, aber sie sprachen nie davon. Ihre Erinnerungen konnten ihnen gefährlich werden. Einzig Richard glaubte, keine Angst zu haben, weil er sich für ihren Verursacher hielt. Er merkte nicht, daß er die Angst in den andern verursachte, um sie aus sich selber herauszubekommen, diese entsetzliche Angst überall im Körper und im Kopf. Er merkte nicht, daß der einzige Mensch ohne Angst nicht er, sondern die alte Margarete war, die sich nicht mehr um die Naturgesetze kümmerte.

Wenige Minuten nach dem Tod Edwards ließ Richard alle Söhne aus erster Ehe, Vetter, Brüder und Onkel verhaften. Alle legten beinah stolz, fast freudig den Kopf auf den Block und empfingen den Tod, den Beweis ihres Standes. Elisabeth faßte sich an den Hals und floh mit einem ihrer königlichen Söhne (der andere, der Thronfolger, kam im Galopp aus Wales angeritten) in ein Kloster. Mond, mir ist bang.

Denn Richard hatte eine Versammlung aller Edlen im Tower angeordnet, um die Frage der Nachfolge zu klären. Er ging dem Thronfolger, Edwards Sohn, bis zum Stadttor entgegen. Gott schütze Euch, Prinz, sagte er und beugte sein Haupt. Tag, Onkel, rief der Prinz von seinem Pony herunter. Was für ein herrlicher Tag! Ich werde Frankreich erobern! Welch ein Leben! Welche Kraft in mir! Wo sind meine Mutter und mein Bruder, Onkel? Alle – der Prinz, Richard, die Edlen – gingen lachend und scherzend in den Tower. Alle hatten einen klaren Blick für die Hälse der andern und einen trüben für die eigenen. Alle nickten, als Richard sie fragte, ob sie den jungen Prinzen für einen geeigneten König hielten, und das war falsch, und ihre Stunde war gekommen. Ihre blendende Laune machte sofort jener Gelassenheit Platz, mit der man damals starb. Alle verabschiedeten sich höflich und voller Gefühl voneinander. Dann lagen ihre Köpfe nebeneinander auf dem Parkett. Onkel, Onkel, warum hast du meine Freunde getötet? Prinz, mein Prinz, sie waren Verräter.

Nun ließ Richard überall im Land Versammlungen abhalten. Buckingham, sein treuster Freund, sprach von der Verantwortung, der Notwendigkeit, dem Gemeinwohl, der Sicherheit, der Stärke und daß der junge Prinz, einmal müsse es gesagt sein, kein Sohn des edlen toten Königs sein könne, denn damals sei dieser ja, wie jedermann wisse, im Feld gewesen, und Elisabeth sei nicht jungfräulich in den Palast gekommen, sondern mit einer Rotte von Söhnen aus frühern Betten, nun, damit wolle er nichts gesagt haben, dagegen wolle er daran erinnern, daß auch Edward, der tote König, zu einem merkwürdigen Zeitpunkt dem Leib der Herzogin von York entsprungen sei, denn der alte Herzog sei damals schon über ein Jahr in Frankreich gewesen – so redete Buckingham überall, und dann rief er: Lang lebe Richard, und sang alle Strophen der Königshymne, aber niemand stimmte in seinen Ruf ein, und er mußte das ganze Lied allein singen, in die kalten Augen der Bürger starrend. Nichts half. Richard ließ sich nur noch zwischen Bischöfen sehen, mit Gebetsbüchern in den Händen. Niemand rief ihn auf den Thron. Nur bestellte Rufer riefen ihn, aber da das Volk ihnen nicht glaubte, verhallten ihre Rufe. Richard hetzte immer unruhiger in seinem Zimmer auf und ab. Er sah auf seine nachtschwarze Hauptstadt. Schließlich war es ihm zuviel, diese tödliche Stille. Er öffnete ein Fenster und heulte wie ein Wolf über die Dächer hin. Mond, regiert nicht sogar Gott, ohne seine Gläubigen befragt zu haben?

Der Hof entvölkerte sich: die einen wurden geköpft, die andern kamen von Auslandsreisen nicht mehr zurück, und immer mehr Frauen, die nicht mehr bei Mördern liegen wollten, gingen nachts in den Nebel hinaus. Nur Anna, die noch immer Richards Ring trug, fand nicht die Kraft, endgültig zu gehen. Sie ging in Richards Bett, der ihr drei Nächte lang keine Demütigung der Hingabe ersparte. Dann streute er das Gerücht aus, Anna sei sehr krank, so daß ihr Tod, einige Tage später, allen natürlich vorkam.

Jetzt brauchte Richard niemanden mehr, um König zu werden. Nun wollte er ein leeres Land, einen Thron auf einem Eisberg. Nun genügte es ihm, über Krater und

Gesteinsbrocken zu herrschen. Jetzt befahl er Buckingham, den Prinzen und seinen Bruder sofort umzubringen, aber Buckingham bat zum erstenmal um Bedenkzeit, obwohl es bei Richard keine Bedenkzeiten gab, und floh und hob Truppen aus, jedoch so wenige und so halbherzig, daß er gefangen wurde, seinen Kopf auf den Block legte und starb. Ein anderer übernahm es, die beiden Söhne Edwards und Elisabeths zu töten.

Richards blutiger Weg zur Macht schuf merkwürdige Freundschaften: plötzlich gingen Margarete und die Herzogin von York Arm in Arm spazieren: die eine die Mörderin des Manns und des Sohnes der andern, die andere die Witwe des Mannes, der den Sohn der einen umgebracht hatte. Beide saßen mit Elisabeth auf der Klostermauer, drei Frauen, die auf Thronen hatten sitzen wollen. Sie schrieen ihren Haß zum Himmel hinauf, und endlich zog Richard mit Trommeln und Trompeten vorbei, und die Herzogin von York erhob sich, eine schreckliche Erscheinung im Mondlicht, und rief, Richard, Sohn. Ich spreche das letzte Mal mit dir. Wer hat George getötet? Wer Edward? Wer Anna? Wer die Söhne Elisabeths? Wer die Herzöge? Die Onkel? Die Brüder? Die Söhne aus erster Ehe? Wer, Richard, wird schuld sein an meinem Tod? Richard starrte in die Silhouette seiner Mutter vor der vollen Mondscheibe, dann hielt er die Hände über die Augen und schrie, Trommler, Trompeter, spielt, so laut ihr könnt. Aber er konnte den Schatten seiner Mutter in seinem Innern nicht bannen, ihre Stimme nicht, und so trat er vor und nahm die Hände von den Augen und rief, Elisabeth, Schatten auf der Mauer, mit dir will ich reden. Ich bin auf dem Weg zur Krönung, o ja. Sieh diese Nebel. Sieh den kalten Mond. Sieh mein eisiges Herz, sieh, wie ich allein bin. Ich will deine Tochter. Elisabeth, ich werde das Unrecht, deine Kinder getötet zu haben, in ein Recht verwandeln, denn ich werde mit deiner Tochter Kinder zeugen, Könige. Du wirst Großmutter statt Mutter, wo ist da schon der Unterschied? Dein Haus wird ein Königshaus bleiben. Mond, so wie du im Glanz der Sonne aufleuchtest, so wird deine Tochter unter mir aufleuchten, Elisabeth. Ich werde das entvölkerte England neu bevölkern, ein Land voller Richarde, die Buckel werden für schön gelten und die Fratzen für lieblich. Ha, Elisabeth? Elisabeth stürzte durch den Klostergarten davon, und Richard, ein schwarzer Zwerg im Straßenschatten, wußte nicht, ob sie seine Werbung angenommen hatte oder nicht. Er starrte auf seine Mutter, einen schwarzen Schrecken vor einer gelben Mondscheibe, und auf Margarete, die in Nebel gehüllt neben ihr saß, unsterblich geworden. Er hörte ihre fernen Stimmen. Mond, flüsterte Margarete. Welche Mutter sieht ihrem Kind die Untaten an, die es begehen wird? Die Mutter rief, Mond, welcher Kindermord trifft die richtigen Kinder? Warum bleiben immer die übrig, von denen die Geschichte dann berichtet? Wo ist die Geschichte, die von denen spricht, von denen niemand spricht?

Nun ging alles sehr schnell. Noch in derselben Nacht wurde Richard zu König Richard III. gekrönt. Aber schon tauchte, wie ein Komet aus dem All, Heinrich Tudor auf, dessen Namen zuvor noch nie jemand hatte nennen hören, mit einer Armee, die jeden Tag größer wurde und sich unaufhaltsam auf die Hauptstadt zuwälzte, auf den Palast zu, in dem Richard keinen Schlaf mehr fand, sondern all jene, die er umgebracht hatte, in langen stummen Zügen an sich vorbeigehen sah, so daß er immer erschöpfter und verzweifelter wurde und an einem Tag, an dem die Sonne sich vollends weigerte aufzugehen, aufs Schlachtfeld stolperte und von Heinrich Tudor erschlagen wurde. Und die Sonne ging auf, und auf dem blutroten Schlachtfeld schritt, unter einem Regenbogen, der junge herrliche Heinrich Tudor aus dem Haus Lancaster auf Elisabeth zu, die Tochter aus dem Haus York, und beide reichten sich die Hände, und über die Horizonte brauste Musik auf, und die Obstbäume Englands begannen auf einen Schlag zu blühen.

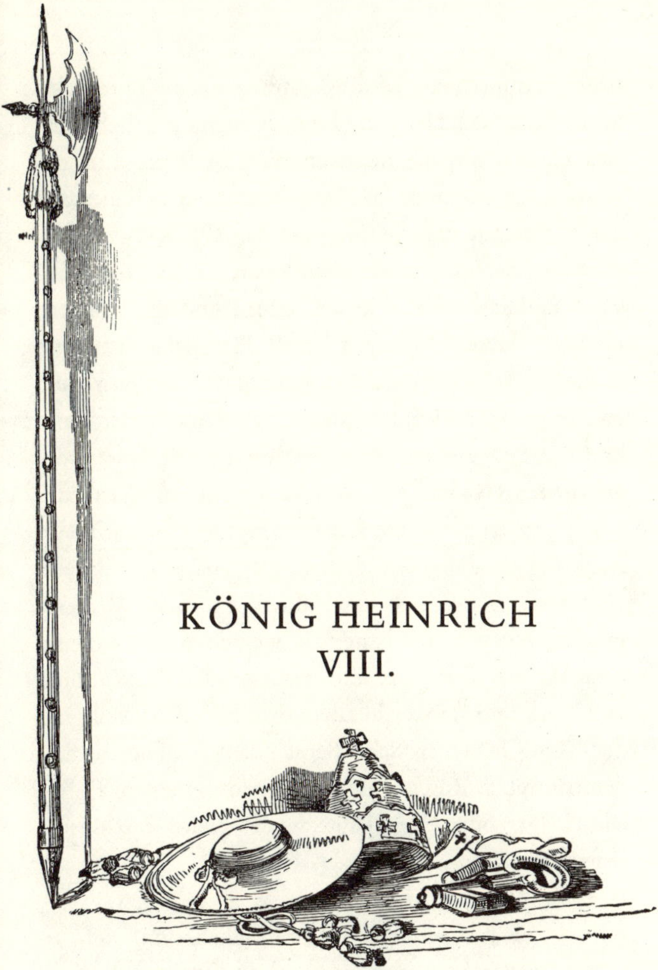

KÖNIG HEINRICH VIII.

Und so ging das immer weiter. Es war kaum noch auszuhalten. Ein König folgte dem andern. Es gab neue Kriege, neue Machtlüsterne, neue Arschkriecher, neue Dumme, neue Mörder. Immer neue Köpfe fielen in die Säcke der Henker. Hörte das denn nie mehr auf? Wie einfach war das Regieren zur Zeit Richards II. gewesen: der saß noch mit verschlammten Schuhen auf einem Tisch, in den die Karte der damaligen Welt eingeritzt war, deutete auf das Tote Meer, Sizilien, den Kaukasus und sagte, das will ich haben, und die Höflinge spritzten davon. Aber der Palast Heinrichs VIII. hatte zweihundert Korridore, zweitausend Kanzleien und zwanzigtausend Höflinge, die mit Papieren in der Hand kreuz und quer eilten. Jeder sprach mit jedem hinter vorgehaltenen Händen. Jeder beobachtete jeden. Wenn der König den Kopf in eine Kanzlei streckte oder nach dem Rückweg in seine Gemächer fragte, buckelten alle und verbargen die Papiere unter ihren Bäuchen. Wenn er wieder weg war, tuschelten sie weiter: wer das meiste Geld für sich abzweige, und wie, und daß der Kardinal von York seine Finger in allem drin habe. Derweil ging der König in seinen Schnallenschuhen, Puffhosen, Seidenstrümpfen, Rüschen und Schärpen mit einem Federballschläger oder einer Laute in der Hand durch seine Korridore.

»Wir zogen froh durchs Frankenreich,
da traf uns, ach, der Todesstreich.«

Die Lauten und die Federbälle waren alles, was dem König von den französischen Eroberungen seiner Vorgänger geblieben war, Lauten aus Akazienholz und Federbälle aus Gänseflaum, und den Frauen eine bestimmte Form des Kicherns, Gackerns und Busenstellens. Sonst hatte der Krieg die Reichen arm und die Armen elend gemacht. Die Wege zwischen London und Dover verschlammten wieder. Die Bauern ließen ihr Korn erneut verkommen. Es hatte ja doch alles keinen Sinn mehr. Nie würde diese Folge von immergleichen Königen aufhören. Die Bauern zahlten längst nicht mehr den Zehnten, sondern den Sechsten, und es war eine Zeit abzusehen, wo sie ein Viertteil ihres Verdienstes einem König abliefern mußten. Heinrich VIII., der mit seiner Laute und dem Federballschläger durch die Korridore tappte, wußte nichts davon. Woher auch? Ihm sagte man nichts. In seinen Listen tauchten Zahlen auf, die sich mit den Pennies in seiner Schatulle deckten. Der König seufzte. Er fühlte sich nicht wohl. Er wurde älter. Er langweilte sich. Er wäre gern gut gewesen, aber wie? Er hätte gern seinem Leben einen Sinn gegeben, aber welchen? Er hatte das Gefühl, daß hinter seinem Rücken Dinge abliefen, von denen er keine Ahnung hatte. Er sah durch ein Palastfenster, unter dem zwei Damen und zwei Herren ein gemischtes Federballdoppel spielten. Sie kreischten und lachten, und die Damen wirbelten den Federbällen entgegen, daß ihre Röcke aufflogen. Den König packte eine plötzliche Wut. Dieses Federballspielen, brüllte er, ist der Grund allen Übels. Ich will nicht mehr an Frankreich erinnert werden. Ich will überhaupt nicht mehr erinnert werden. Er warf den Federballschläger und die Laute in den Wassergraben unter dem Fenster und zog die Schnallenschuhe und Puffhosen aus. Ahhh.

»Des Lebens Sinn, des Todes Ziel
ist mehr als Wollust, Prunk und Spiel.«

Der Kardinal von York, der neben ihm wandelte, stimmte ihm zu. Gewiß, gewiß. Er barg seine Goldringe unter seiner Soutane und machte kleine Schritte, damit der König seine Schnallenschuhe und Seidenstrümpfe nicht sah. Gott will, sagte er, daß wir in Demut und Armut leben. Ach, das eitle Streben nach weltlichen Gütern. Übrigens, Majestät, der Herzog von Buckingham ist ein Hochverräter. Ich habe Zeugen. Der König schaute ihn überrascht an. Buckingham? Mein treuester Berater? Der Kardinal nickte. Ja, er ist ein Feind der Kirche. Heinrich schüttelte den Kopf. Wenn das so ist, muß ich ihn enthaupten lassen. Schade.

»Wem ist denn heute noch zu trauen?
Den Männern nicht. Vielleicht den Frauen?«

Er ging in den Staatsratssaal hinüber, wo Buckingham mit gesenktem Kopf vor seinen Richtern stand. Auf einem erhöhten Podest stand der Zeuge der Anklage, ein Freund des Kardinals, ein glaubwürdiger Mann, der schon in vielen Hochverratsprozessen glaubwürdig gegen die Angeklagten ausgesagt hatte. Auch diesmal hatte er gehört, daß der Angeklagte geäußert hatte, der König müsse ermordet werden. Buckingham schüttelte den Kopf und sah den König an, der mit offenem Mund auf der Zuhörerbank saß.

»Und ewig wird der König alt
und sät Verderben und Gewalt.«

Die Königin, die beim Sprechen das R rollte, warf sich dem König zu Füßen und rief, Herr, Mann, du bist das Opfer unzähliger Intrigen. Ich liebe dich. In deinem Reich bezahlen die Menschen den Sechsten an Steuern – Was? sagte der König. Den Sechsten? –, und einer der Drahtzieher ist dieser Mann hier, der auch Buckingham, der sich gegen seine Machtgier gestellt hat, ermorden will. Sie zeigte auf den Kardinal von York, der die Hände faltete und in den Himmel blickte.

»Wer stehet unter Gottes Schutz,
den trifft kein eitler Erdenschmutz.«

Der König hob seine Frau auf – sie war dick und schwitzte – und sagte, wie kannst du einen so ehrenwerten Mann angreifen? Er hat mit dir und mir nur das Beste vor. Ich will das alles vergessen. Dem armen Buckingham ist nicht mehr zu helfen. Die Sitzung ist aufgehoben. Der König ging in sein Ankleidezimmer – im Hof unten schlug ein Henker Buckingham den Kopf ab – und überdachte einmal mehr, was der Kardinal ihm geraten hatte, nämlich sich von seiner Frau zu trennen und die Tochter des Königs von Frankreich zu heiraten, wie dies so viele englische Könige vor ihm gewollt oder getan hatten. Warum nicht ein junges Mädchen, das ihm ein Reich zurückbrachte, das seine Armee nicht hatte verteidigen können? Seufzend zog Heinrich Rüschen und Seidenstrümpfe aus und verkleidete sich als Schäfer, weil er, inkognito, zu einem Fest gehen wollte, das der Kardinal in seinen heiligen Räumen gab. Die Tische barsten unter Getränken und Speisen. Trompetenorchester spielten Menuette, und in den dunklen Ecken preßten sich Hofdamen und Jünglinge aneinander. Niemand erkannte den König, als er sich unter die Tanzenden mengte, und schon gar nicht eine zierliche Dame aus dem Gefolge der Königin, Anna Bullen, mit der er den ganzen Abend tanzte, zuerst Auge in Auge, nachher Herz an Herz, dann Wange an Wange, schließlich alles an allem.

»Es bringt der Liebe scharfer Pfeil
der einen Weh, dem andern Heil.«

Nur der Kardinal, der Gastgeber, hatte den königlichen Gast erkannt. Er sah im Herzen des Königs ein Feuer ausbrechen, das so heftig loderte, daß er seinen Palast in Flammen aufgehen sah. Sollte ich, dachte er, einen Fehler gemacht haben, als ich dem Papst im letzten Brief riet, einer Scheidung zuzustimmen? Dieser König, schau ihn an, wird niemals Frankreich wollen, wenn er dieses Mädchen haben kann.

»Es hat des Herzens Leidenschaft
schon manchen König weggerafft.«

Tagelang saß der König dann in seinem Zimmer, blätterte in Bibeln und Atlanten und brummte alle an, die ihm eine Angelegenheit des Staates vorlegen wollten. Seine erste Amtshandlung, nach vielen Tagen, war, daß er Anna Bullen zur Markgräfin von Pembroke machte, mit einem Jahresgehalt von 1000 Pfund. Anna stand schamüberströmt zwischen den Hofdamen. Wieso ich? Wieso nicht ihr, die ihr zum Teil schon seit vierzig Jahren Hofdamen seid?

»Es küßt das wankelmütge Glück
nur allzu oft das jüngste Stück.«

Der Kardinal kam jeden Tag in das Arbeitszimmer des Königs und brachte ihm Schokolade oder Nüsse, und schließlich – der König sah sich auf einem Atlas die Karte Indiens an – sagte er, Majestät, es ist so weit. Unser Prozeß muß jetzt durchgezogen werden. Ihr habt die Unterstützung des Papstes, dessen Abgesandter eben eingetroffen ist. Die Rechtslage ist klar. Primo ist Eure Gattin, Katarina, eine Spanierin, secundo ist sie schon mit Eurem leiblichen Bruder verheiratet gewesen. Die Ehe ist ungültig. Ihr seid gar nicht verheiratet. Auch der Papst, Gott schütze ihn, denkt, daß der französische König eine Tochter von solchem Liebreiz hat, daß nur sein geistliches Amt, und meines, uns hindert, sie Euch in den lebhaftesten Farben zu schildern. Ihr werdet keine finden am englischen Hof, die auch nur den Zehnten ihrer

Reize hat und den Hundertsten ihres Reichtums. So? sagte der König, der gar nicht recht hingehört hatte. Er glotzte auf die Karte Indiens und dachte an Anna Bullen. War sie sein Lebenssinn? Kam durch sie die Güte in sein Herz? Verscheuchte sie seine Langeweile? Hielt sie sein Altern auf? Er schlurfte hinter dem Kardinal durch die Korridore – laßt mich nur machen, Majestät – und setzte sich im Gerichtssaal auf den Königssessel. Auf der Anklagebank saß seine Frau. Sie hatte verweinte Augen. Sie rief, vor diesem Gericht habe ich keine Chance, nur Engländer, keine Spanier, jeder ist hier gegen mich, sogar der König, dem ich zwanzig Jahre lang treu gewesen bin. Ich? murmelte der König. Wieso? Das Gericht zog sich zurück und entschied, es sei unbefangen. Der Präsident, ein alter Mann mit einem Talar und einer Perücke, schwenkte eine Glocke. Er lächelte dem König und dem Kardinal zu. Die Königin rannte schluchzend aus dem Saal, obwohl ein Gerichtsbeschluß ihr befahl zu bleiben. Laßt sie, sagte der König. Sie ist eine gute Frau. Was ist Euer Beschluß? Bevor der Gerichtspräsident sein Urteil verkünden konnte, erhob sich der Kardinal und sagte, Majestät, juristische Erwägungen – denn alle Verfahren in unserm Rechtsstaat müssen den allerstrengsten Anschein des Rechts haben – zwingen uns, die Sitzung zu vertagen. Wieso? sagte der König. Kopfschüttelnd stand er auf und ging in seine Gemächer zurück. Er durchschaute sein eigenes Recht nicht mehr.

Die Königin verbarrikadierte sich in ihrem Zimmer.

Sie kämmte sich nicht mehr, trug alte Nachthemden und Schmuck aus ihrer Kinderzeit, saß stundenlang am Fenster, spielte auf ihrer Laute Akkorde und sang:

»Orpheus sang, und alle Wipfel
neigten sich. Das Eis der Gipfel
schmolz in Strömen zu ihm nieder.
Blumen blühten auf, und Regen
fiel aus einem blauen Himmel wegen
seiner Frühlingslieder.
Stürme wurden jäh zur Flaute,
Liebe wuchs aus dem Verderben,
wenn er sang zu seiner Laute.
Ach, Musik nur lindert Schmerzen.
Und die sehnsuchtsvollen Herzen
werden müde oder sterben.«

So weit war sie mit ihrem Lied gekommen, als der Kardinal von York und sein Amtsbruder aus Rom ihre Tür aufstemmten. Gute Frau, sagten sie wie aus einem Mund. Machen Sie keinen so Wirbel. Der König will, daß alles diskret und menschlich vor sich geht. Er mag Euch. Wenn Ihr tut, was wir Euch sagen, wird es Euer Schaden nicht sein. Die Königin, die es schon nicht mehr war, fuhr in die Höhe, so daß ihre Laute am Boden zerklirrte. Ihr Lumpen, rief sie. Der König wirft mich aus dem Bett, weil ich alt werde. Und da soll ich auch noch nett mit ihm sein?

»An diesem Hofe treiben viele
mit frommen Mienen Doppelspiele.«

Ihr seid eine senfzüngige Sünderin, sagte der Kardinal von York. Er wußte nicht, daß der König in der gleichen Minute zwei Dokumente las, die nicht für seine Augen bestimmt waren: eine Aufstellung aller Gelder, die der Kardinal hatte beiseite schaffen lassen, und die Kopie eines Briefs an den Papst, in dem der Kardinal diesem riet, der Scheidung von Katarina nicht zuzustimmen. Gott hatte die Hand des Kardinals fehlgeleitet und ihn die Akten in den falschen Ordner legen lassen. Der König, der Anna Bullen nach seinem eigenen Recht und seinem eigenen Glauben am Vorabend heimlich geheiratet hatte und in sich die ganze Süße einer geheimen Hochzeitsnacht spürte, bekam immer größere Augen. Er las die Geldliste und den Brief ein zweites Mal, dann donnerte er durch die Korridore –

»Du denkst, du bist ein Kardinal.
Ich denke mir, du warsts einmal.«

– und traf den Kardinal in einem Gespräch mit einem jungen Mann namens Cromwell, der seit kurzer Zeit am Hof als Sekretär arbeitete. Er nickte bei jedem Wort des Stellvertreters des Stellvertreters Christi und machte sich Notizen. Als er den König kommen sah, knickte er demütig in sich zusammen. Der Kardinal wandte seinem Herrn sein Antlitz zu.

»Der Wolf im Pelz des Schafs wird heute
des Schafs im Wolfspelz späte Beute.«

Und was ist das? schrie der König. Und das? Es geschah zu Eurem Besten, murmelte der Kardinal und dachte, das ist das Ende.

»Der Leib ist schön mit Kopf und Krone.
Entsetzlich ist er oben ohne.«

Ihr seid nicht mehr Kanzler, schrie der König. Nicht mehr Kardinal. Mein Vertrauen gehört ab sofort dem Erzbischof von Canterbury und Thomas Morus. Cromwell murmelte, Gott gebe ihnen ein langes Leben. Was? brüllte der König ihn an. Was habt Ihr mit diesem Herrn da zu besprechen? Ich? stotterte Cromwell und verbarg sein Notizbuch hinter seinem Rücken. Nichts. Ich kenne ihn kaum. Es war eine zufällige Begegnung. Der König drehte sich um und ging durch die Korridore zurück, in seine Gemächer, wo Anna Bullen in einem durchsichtigen Seidenhemd am Fenster saß und Kirschen aß. Cromwell machte sich davon, so schnell er konnte. Der Kardinal verließ den Palast und ging und ging, und als er an einem kleinen Friedhof vorbeikam und ein offenes Grab sah, bekam er ein solches Fieber, daß er nicht mehr weiterkonnte und am dritten Tage tot war. Ein Pfarrer legte ihn in das Grab, das nicht für ihn bestimmt gewesen war.

»Auch den, der lebt in Gottes Namen,
verzehren einst die Würmer. Amen.«

Am nächsten Tag fand die Krönung Anna Bullens statt. Hunderttausend Menschen drängten sich in den Straßen, durch die das Königspaar schritt, nach neuem Recht getauft, verheiratet und gekrönt. Anna Bullen sah aus wie ein vom Himmel gestiegener Engel. Gott gebe ihr ein langes Leben, murmelten alle, die sie sahen. Unter einem Regen von roten und weißen Rosen schritten das Herrscherpaar und alle Mächtigen Englands, Cromwell allen voran, die Palasttreppe hinauf, zu einem Fest, das bis zum nächsten Morgen dauerte.

»Der König faßte Annas Hände:
Uns scheidet erst des Lebens Ende.«

Katarina, die verjagte Königin, wurde krank. Der König schickte ihr zwar Billets mit der Aufforderung, glücklich zu sein, er sei es ja auch, sie aber fieberte und sah ihr Zimmer von Engeln bevölkert. Sternschnuppen zischten durchs Fenster. Sie lag mit geschlossenen Augen da und lächelte. Einmal noch wachte sie auf, griff nach der Laute, deren Saiten zersprungen und deren Steg zerbrochen war, und sang:

»Die Erde ist ein Jammertal.
Der Weg ins Paradies ist schmal.
Jetzt steh ich an der Tür des Lichts
und seh, was hinter ihr ist: nichts.«

Das Leben ging weiter. Wieder umgab sich der König mit den fähigsten Mitarbeitern. Wieder schenkte er ihnen Vertrauen. Nur durch Zufall bemerkte er, daß seine Berater sogleich den Erzbischof von Canterbury des Hochverrats überführen wollten. Diesmal ließ er sich nicht überrumpeln und machte den Erzbischof zum Paten des Kindes, das Anna ihm soeben geboren hatte und das Elisabeth hieß.

KÖNIG JOHANN

Und dann gibt es noch, kaum zu erkennen im Nebel der frühesten Geschichte der britischen Inseln, diese Geschichte, die zu einer Zeit geschah, als sich die ältesten Leute noch daran erinnerten, wie ihre Väter erzählt hatten, daß schreckliche Nordmänner mit Kettenhemden und in Tüchern eingehüllten Pferden die Gipsküste hochgeklettert waren und alles totgeschlagen hatten, ihre Brüder, Mütter, Frauen, Freunde, Ochsen, Bären, und auch den König. Nur ein paar, die Väter eben, waren in den Nebel hineingerannt und hatten sich in feuchte Gebüsche geduckt und konnten später den Beginn der neuen Geschichte Englands weitererzählen. Sie erzählten und erzählten, o unsre Väter, über Jahrzehnte hin, in Kneipen und zu Hause, die Nordmänner in ihren Geschichten wurden immer wilder und größer, und ihre Berichte vom Anbruch der Jetztzeit wurden schließlich zu langen Wandteppichen, die ihnen aus den Mündern quollen, in immer deutlicheren Farben, so daß die Söhne und Töchter, so ums Jahr 1200 herum, eine lichtvollere Vorstellung von der Vergangenheit hatten als von der Gegenwart. Denn das gegenwärtige England war ein Land, dessen Grenzen noch nie jemand abgeschritten hatte. Man sah kaum je die Hand vor den Augen. Hin und wieder stolperte, wer, nach den Grenzen suchend, über die nassen Wiesen tappte, über eine verirrte Sau. Menschen mit trüben Augen und aufgeweichten Häuten wohnten, über Hügel verstreut, in Lehmhütten und schoren Schafe. Hie und da, wenn der Himmel aufklarte – es gab Menschen, die noch nie die Sonne gesehen hatten –, trieben die Bewohner einer Hüttenansammlung mit den Füßen einen Stoffball vor sich her, und die Bewohner einer andern Hüttenansammlung versuchten, ihn in die Gegenrichtung zu bewegen. Das war ihre einzige Lustbarkeit. Der

König – auch er zog seine Überlebenskraft aus den tapferen Geschichten von früher – verstand die Sprache seiner Untertanen nicht. Er saß, wenn ihn der dünner werdende Regen nicht zu einem Spazierritt aufforderte, auf einer Ofenbank und hing Erinnerungen an lichte Auen Frankreichs nach, die er nie gesehen hatte. An Sonnentage und Vollmondnächte. Er verfügte, in jenen Urzeiten, über etwa so viel Macht wie die heutigen Könige von England, aber er hatte keinen Palast, keinen in Buckingham und keinen in Windsor, er hatte nur eine Ansammlung von Hütten in Northampton, die er Burg nannte, weil sie von einer Palisadenhecke umgeben waren. Er mußte noch alles selber machen. Er stand früh auf, ging in den Stall, strich den Schafen durch die feuchte Wolle, suchte nach verirrten Säuen, brüllte seine Melker an, die im Kriegsfall seine Soldaten waren, ging auf Strafexpeditionen und Plünderzüge, stürmte als erster durch die Hüttentüren und stahl und vergewaltigte wie alle. Ein König *mit* Land war damals noch eine Seltenheit. All die neuen Herrenmenschen, die über den Kanal gekommen waren und sich in feuchten Nächten, unter Wolldecken geduckt, fortgepflanzt hatten, taumelten nun wie Phantome durch die Nebel, ein Schrecken für die Eingeborenen, sich selber ein Schrecken. Sie hatten eine solche Angst vor den kalten Dämpfen dieser Insel, daß sie auf alles einschlugen, was vor ihren Augen Kontur gewann. So gelangten sie langsam zu Macht und Ansehen, und das Volk liebte sie.

Ich glaube, eines Tages erschien in der Palasthütte des damaligen Königs, der Johann hieß, ein Gesandter des Königs von Frankreich, der schon in einer steinigen Burg wohnte und aus einem eigenen Napf aß. Er tauchte wie ein Meteor aus dem Regen auf und beanspruchte für seinen Herrn ganz England, denn der wirkliche Thronfolger sei Arthur, der die Bretagne regiere. Dann rauschte er wieder davon, in die Gischt hinein, und Johann saß ziemlich geknickt auf der Ofenbank und strich seinem Sohn über den Kopf. So unrecht hat er ja nicht, sagte schließlich seine Mutter, die am Herd stand und in einer Pfanne rührte. Arthur ist der Sohn des letzten Königs, und du bist nur sein Bruder. Mach etwas. Zeig diesem Sonnenkönig, wer hier die Stürme sät. Johann seufzte. Er brauchte Geld, und Geld hatten nur die Klöster. Es würde wieder Krach geben, es gab sowieso schon welchen, weil er die päpstlichen Gesandten nicht in die Kassen der Kirchen greifen ließ und den Erzbischof von Canterbury, der täglich Schiffe nach Rom absandte, am Betreten seiner Kathedrale hinderte. Ach Gott. Er zog seine Galoschen an und füllte Öl in seine Nebellampe. Da betraten zwei junge Männer, die er kannte, seinen Palast. Wir haben Streit, riefen sie. Schlichte ihn. Johann band seinen Regenhut unterm Kinn fest und sagte: Worum geht es? Mein jüngerer Bruder, rief einer der Männer, will das ganze Erbe, weil er behauptet, unser Vater sei gar nicht mein Vater. Ich sei ein Bastard Richards, des Königs vor dir. Johann band sich ein Tuch vor Nase und

Mund und sagte, so gut er das noch konnte: So etwas kommt vor. Mein Bruder hatte ein heißes Blut. Ich mache dich zu Sir Philipp Plantagenet, Bastard, dafür aber verzichtest du auf dein Erbe. Abtreten. Die beiden Brüder verschwanden in den Wolken, und Johann legte sich eine Decke um die Schultern und ging auch los, mit einem Stock vor sich herrudernd, zu den Klöstern. Der Bastard – sein Bruder war längst aufs väterliche Gut zurückgestürmt und übte nun seine neuen Rechte aus – ging dem Ufer eines mit Trauerweiden bewachsenen Weihers entlang, bis ihm ein Schatten entgegengeritten kam, ein Reiter, eine Frau, seine Mutter. Wer, Mutter, hat mich gezeugt? rief er. Die Mutter starrte durch das trübe Grau vor sich, bis sie den sprechenden Uferbaum erkannte, und antwortete: Dein Vater natürlich, Sir Robert. Mutter, sagte der Bastard und faßte nach dem Zaum ihres Pferds. Ich weiß, daß es der König war. Die Mutter starrte ihn an. Der Regen verdampfte auf ihren Wangen. Wir waren benebelt, sagte sie dann leise. Es ist in diesem Land nicht leicht, einen Mann von einem andern zu unterscheiden. Vergib mir. Der Bastard, ihr Sohn, lachte. Mutter, ich bin gern der Sohn eines Königs.

Während sich der Bastard an seine neue Würde gewöhnte und der König mit einem Jutesack zwischen den Füßen in den Vorzimmern der Mönche herumsaß, belagerten auf der andern Seite des Kanals, unter einem strahlend blauen Himmel, der König von Frankreich, sein Sohn und der Erzherzog von Österreich die Stadt

Angers. Arthur, der Joker des Königs von Frankreich in diesem Spiel um die Macht, stand in kurzen Hosen bei ihnen. Er hatte noch keine Erfahrung im Führen von Truppen und schon gar keine im Regieren eines Landes. Er war ein Thronfolger, weil alle ihm sagten, er sei es, und er ahnte, ohne daß seine Ahnungen zu präzisen Gedanken geworden waren, daß jeder seiner väterlichen Ratgeber später einmal sein Stück vom Kuchen haben wollte. Er sah zu, wie sie große Steinkugeln gegen die Stadtmauer schleuderten und wie die Bewohner von Angers brennendes Pech auf die warfen, die versuchten, Leitern anzustellen. Während er noch, entsetzt und fasziniert, auf einen brennenden Knappen sah, der sich schreiend im Gras wälzte, hatten sich alle andern umgedreht und deuteten auf die Nebelbank, in der England lag. Aus den Bodenwolken tauchten stählerne Ritter auf, einer hinter dem andern, wie aus einem Himmelstor, immer mehr, das englische Heer. In einiger Entfernung hielten die Stahlmänner an und starrten geblendet in die Sonne. Zwei Helmträger ritten, auf Rossen wie Seepferden, auf das französisch-österreichische Befehlszelt zu. Der eine klappte sein Visier hoch und sagte, ich bin Johann, die Sonne Englands. Dies ist meine Mutter. Schließen wir Frieden.

Arthur starrte seinen Onkel und seine Großmutter an. Diese strich ihm lächelnd übers Haar und sagte, komm, Arthur, sei brav, gib dein Land her. Sie hatte dabei nicht mit Arthurs Mutter gerechnet, deren Finger ihr in die

Haare fuhren und daran zerrten, so daß der König von Frankreich und Johann gemeinsam ziemlich lange brauchten, bis sie die schreienden Frauen voneinander getrennt hatten. Dann eilte der König von Frankreich vor die Stadtmauern, deutete auf die Engländer und rief: Da seht ihr euren wahren Feind. Laßt uns in die Stadt ein, und wir helfen euch gegen diese Inselungeheuer. Johann riß seinen Helm vom Kopf, stellte sich neben den König von Frankreich und schrie: Ich spreche eure Sprache. Meine weiße Haut wird in wenigen Tagen braun sein wie eure. Laßt mich ein. Die Bürger von Angers standen auf der Stadtmauer und schüttelten die Köpfe. Dann müssen wir kämpfen, murmelte Johann, und der König von Frankreich, der ihn verstanden hatte, nickte. Die Heere krachten ineinander. Als das Getümmel vorüber war, rief der König von Frankreich wieder zur Mauer hinauf, habt ihr gesehen, edle Bürger, wir haben gewonnen. Johann schrie, nein, wir. Die Bürger schüttelten wieder die Köpfe. Der Bastard – lassen wir ihm endgültig den Namen, den die Überlieferung ihm gegeben hat – trat zu den beiden Herrschenden und sagte, nehmt doch die Stadt gemeinsam ein, einer von Süden, einer von Norden, und teilt sie nachher. Er dachte, wenn alles gut geht, schießen sie sich dabei mit ihren Schleudern gegenseitig tot. Die beiden Könige sahen ihren Ratgeber verblüfft an. Sie richteten die Wurfmaschinen gegen die Stadttore und, in der Verlängerung, auf sich. Die Bürger stürzten wieder auf die Mauern – ihnen war recht, daß die Rivalen sich beschießen wollten, aber nicht, daß ihre Stadt dazwischen lag – und riefen: der Dauphin soll doch Fräulein Blanca, die Nichte König Johanns, die seit immer am französischen Hof lebt, heiraten. Dort steht sie. Dann liegt das neblige England beim lichten Frankreich im Bett. Wieder sahen sich alle an. Heute kamen die Ratschläge von den merkwürdigsten Leuten, aber tatsächlich war dies die Lösung, einfach wie ein durchgehauener Knoten und endgültig wie ein auf den Tisch gedrücktes Ei. Der Dauphin küßte Blanca und liebte sie sofort. Blanca zerschmolz sogleich in des Dauphins Armen. Der König von Frankreich und Johann schüttelten sich die Hände. Der Erzherzog von Österreich umarmte alle. Nur die Mutter Arthurs tobte mit Schaum vor dem Mund um die Regierenden herum, zwischen denen ihr Sohn ahnungslos stand und den Küssen des Brautpaars zusah. So eine wie Fräulein Blanca wollte er dereinst auch einmal küssen, wenn er groß war und König.

Während des Festessens – der König von Frankreich und Johann leerten ein Glas nach dem andern auf die Versöhnung – traf, Zufall oder nicht, der Kardinal von Mailand ein, ein Abgesandter des Papstes. Er fiel sogleich über Johann her: wieso er sich der Kirche widersetze und den Erzbischof von Canterbury schikaniere? Johann stand auf, leicht schwankend, hob sein Glas und rief, Mann Gottes, wir wollen keine Fremden auf unsrer Insel. Keine Kirchensäcke. Keine Goldräuber. Keine Weihräuchler. Ist das klar? Er leerte das Glas, rülpste und warf es über die Schulter gegen die Zeltwand. Der Kardinal wurde kreidebleich, streckte die Arme aus und rief: Rom verflucht und bannt dich. Alle sahen entsetzt auf Johann, den Teufel, der sich verwirrt Wein in ein anderes Glas eingoß. Alle zitterten unter dem Bannblitz, der so nahe neben ihnen eingeschlagen hatte, und bestürmten den König von Frankreich, den neuen Freund sofort wieder fallenzulassen. Krieg, rief der Dauphin. Krieg! Schließlich gab der König von Frankreich nach, das Festessen wurde vor dem Nachtisch abgebrochen, alle stürzten – im Zelt blieben nur die schluchzende Blanca und der betrunkene Johann zurück – zu ihren Heeren, und es gab ein neues Getümmel. Endlich stand auch Johann auf, strich seiner Nichte über die Wange – du bist zu schwach, um allein England und Frankreich zu vereinen, du Arme – und stürzte aufs Schlachtfeld, wo er, immer noch betrunken, wie ein Besessener focht und den kleinen Arthur fing. Jeder tötete, wen er konnte, und der Bastard rettete Johanns Mutter und schlug dem Erzherzog von Österreich den Kopf ab. Johann dankte ihm und schickte ihn nach England zurück, mit dem Auftrag, die übriggebliebenen Klöster auszuplündern, denn dieser Krieg würde noch viel Geld verschlingen. Dann schiffte auch er sich ein. Die Schiffe fuhren mit geblähten Segeln in die Nebelmauer hinein, immer geradeaus, bis ihre Buge in die Felsen von Dover krachten.

Arthur wurde in einem Koben der Königsburg gefangengesetzt. Sein Leben – außer ihm war es allen klar –

war nicht mehr viel wert. In Frankreich dachte der Dauphin darüber nach, daß, wenn Arthur tot war, nur noch Johann tot sein mußte, und England war sein. In England befahl Johann seinem Kämmerer, Arthur umzubringen –

hörst du, Kämmerer, ich habe nichts gesagt, lies mir meine Wünsche von den Augen ab. Der Kämmerer nickte und ging mit einem Messer in den Koben. Dort saß Arthur und redete so lieb und unschuldsvoll, daß der Kämmerer immer gerührter wurde. Hör auf, rief er. Ich muß Euch umbringen – nicht, lieber Herr! – oder wenigstens blenden – meine Kinderaugen, guter Herr? Schluchzend rannte der Kämmerer zum König, der sich gerade, um sicherzugehen, ein zweites Mal krönen ließ, und meldete ihm den Tod Arthurs. Ein Unfall. Die zwei wichtigsten Berater Johanns, die Grafen von Salisbury und Norfolk, schrieen auf. Johann, du bist ein Mörder. Johann bekam einen roten Kopf und sah zu Boden. Die Berater gingen davon, den Fall aufzuklären. Johann tobte in der Küche herum und schrie den Kämmerer an, er sei ein Hornochse. Da sagte ihm der Kämmerer, daß Arthur noch lebe, und Johann schloß ihn in die Arme. In diesen lag er noch immer, als ein Bote meldete, das französische Heer sei gelandet, wieder bei Hastings. Johann und der Kämmerer lösten sich voneinander und eilten davon, jeder in den Wolkenschwaden seiner Ängste.

Inzwischen hatte auch Arthur begriffen, daß er hier nicht in den Ferien war. Er verkleidete sich als Schiffsjunge, kletterte über die Palisaden, sprang in den Graben hinunter und brach sich den Hals. So fanden ihn die Grafen von Salisbury und Norfolk. Während sie ihn untersuchten – alle Verletzungen ließen sie auf einen Mord schließen –, kam der Kämmerer angerannt und rief, der König schickt mich, Arthur lebt. Da sah er den toten Arthur. Auch der Bastard, der nun hinzukam, hielt den Kämmerer für den Mörder.

Nun war auch der päpstliche Gesandte, der darüber nachgedacht hatte, daß sein Bann Roms Finanzprobleme nicht löste, am englischen Hüttenhof angekommen, mit dem Kreuz die kriechenden Wolken beschwörend, und Johann, der nun nüchtern war, versöhnte sich mit ihm. Der Kardinal nahm den Fluch Gottes von ihm und reiste, mit Zusicherungen kräftiger Zahlungen an Rom versehen, wieder ab. Der Bastard roch das Veilchenparfum des Kardinals aus dem Schafsgeruch des königlichen Gemachs heraus und sagte Johann, er sei verrückt, der Feind sei inzwischen in London, und das Bündnis mit dem Papst sei schmählich. Johann saß erschöpft auf der Ofenbank – seine Mutter stand nicht mehr am Herd, sie war in Frankreich gestorben – und sagte, ach Gott, mach, was du willst. Du hast freie Hand. Er fühlte sich schwach und fiebrig.

So erfuhren die Franzosen, was längst nicht mehr wahr war: daß Johann wieder auf der Papstseite sei. Sowieso hatte der Krieg seine eigene Dynamik entwickelt und war nicht mehr zu bremsen. Der Dauphin wollte jetzt Blut sehen, das Blut aller Engländer, und wenn es das der nächsten Verwandten seiner Braut war, die tagsüber weinte und nachts lachte. Daß die Grafen von Salisbury und Norfolk ihm ihre Dienste anboten, bestärkte ihn in seiner Siegessicherheit. Er nahm nicht ernst, daß alle sagten, der wahre Herrscher Englands sei nicht mehr Johann, denn dieser liege fiebernd in einem Kloster, sondern der Bastard, der ein Herz wie ein Löwe habe. Die Franzosen zogen in einem undurchdringlichen Nebel in die Schlacht. Sie schlugen auf alles ein, was sich bewegte, und manch einer stach in den Kopf seines Pferdes oder schlug sich die eigene Hand ab. Jeder focht einsam im Wolkenweiß, bis alles still war. Niemand wußte, wer gesiegt hatte. Jeder, der noch lebte, verkroch sich in ein Unterholz und betete, Nacht und Nebel möchten ihn auch weiterhin schirmen. Der Bastard prallte, als er übers Totenfeld schritt, in den Kämmerer hinein, und nach einigen Wer da? erkannten sie sich und steckten die Schwerter in die Scheiden. Der König, rief der Kämmerer erregt, kommt schnell, ein Mönch hat ihm einen Heiltrank gegeben, Gift, er stirbt. Sie rannten einem Weiher entlang, in dessen schwarze Wasser die Traueräste alter Weiden hingen. Vor der Klostertür blieben sie stehen. Sie hörten, von fern, die Stimme des Königs. Er sang. Langsam gingen sie seinem Gesang nach, und dann sahen sie ihn, auf einem Stuhl sitzend, nackt, schweißüberströmt. Er hatte die Augen nach innen verdreht. Nebel kam aus seinem Mund. Er sang Töne, die noch nie jemand gehört hatte, Klagen aus dem Teil seiner Seele, für den er keine Worte hatte. Mönche standen um ihn herum – einer von ihnen mußte der Mörder sein –, und vor ihm knieten die Grafen von Salisbury und Norfolk. Singend starb der König, plötzlich stumm. Alle sahen auf seinen Körper. Alle sahen auf seinen Sohn. Friede dem toten König. Friede dem neuen König. Friede uns. Diese Geschichte, und manche andere, erzählte mir ein Mann, den ich vor Urzeiten, wenn mich die Nebel meiner Erinnerungen nicht trügen, in einem rauchigen Gasthof traf, auf einer meiner Wanderungen zwischen Warwick und

Stratford-upon-Avon. Er trank viel Bier, und ich auch, und ich war entschlossen, ihm alles zu glauben, was er mir an jenem Abend berichtete.

URS WIDMER IM DIOGENES VERLAG

Alois
Erzählung 1968

Die Amsel im Regen im Garten
Erzählung 1971

Das Normale und die Sehnsucht
Essays und Geschichten 1972

Die lange Nacht der Detektive
Kriminalstück 1973

Die Forschungsreise
Ein Abenteuerroman 1974

Die gelben Männer
Roman 1976

Schweizer Geschichten
1977

Nepal
Ein Stück 1977

Vom Fenster meines Hauses aus
Prosa 1977

Urs Widmer übersetzte u.a. Werke von Raymond Chandler und Edward Gorey, ist Herausgeber einer Auswahl aus dem Werk Sean O'Caseys, schrieb ein Vorwort zu Goya, Caprichos und ein Nachwort zu einem Geschichtenband von Robert Walser.